ELSA GODART

Elsa Godart est philosophe et psychanalyste. Enseignante à l'université, elle pratique également la logothérapie en cabinet. Elle anime un séminaire « psy » à l'hôpital de la Pitié-Salpêtrière. Elle donne de nombreuses conférences à l'étranger et a déjà publié plusieurs ouvrages dont *Au secours, j'ai peur d'aimer ! : 12 clés pour rencontrer l'autre* (Plon, 2007) et *La sincérité* (Larousse, 2008).

Je veux
donc je peux !

Elsa Godart

Je veux donc je peux !

Oser être heureux

PLON

Le papier de cet ouvrage est composé de fibres naturelles, renouvelables, recyclables et fabriquées à partir de bois provenant de forêts plantées et cultivées durablement pour la fabrication du papier.

ISBN : 978-2-266-17562-3

Sommaire

À Gilda et Naji

« C'est par les analyses les plus courtes que l'on peut atteindre les meilleurs résultats. »

Wilhem STEKEL

Avant-propos

La faculté de vouloir est si essentielle à l'homme qu'élaborer une thérapie fondée sur la volonté s'est imposé à moi. Bien avant de devenir analyste, j'avais pu observer l'efficacité et la nécessité de cette puissance insoupçonnée et insuffisamment employée. La volonté est fondamentale car c'est d'elle que va dépendre notre liberté, puisqu'elle nous permet d'agir et de trancher entre le bien et le mal. En effet, rien ni personne ne peut décider pour nous de ce qui est bien ou mal, personne ne peut agir à notre place. Mais il ne suffit pas de faire preuve de volonté ou encore de faire des choix pour être libre. Encore faut-il faire *les bons choix*. Être libre et le rester est une exigence vitale mais bien difficile à réaliser.

Comme vous le lirez dans cet ouvrage, la volonté peut aussi, si on apprend à s'en servir, avoir une finalité thérapeutique car avant de guérir, il faut le *vouloir*. La volonté est donc une véritable dynamique de vie, un élan vital qui se trouve en chaque être humain. A contrario, quand on souffre, on perd cette envie de vivre, cette envie de choisir, cette liberté et le désir d'être heureux. On tombe dans le **vide** et la **vacuité**, qu'est précisément ce laisser-aller sans direction, sans but ni choix.

Thérapie de la volonté novatrice et extrêmement efficace, la « volothérapie » *(volo* signifie « je veux » en latin) devient fondamentale alors que notre époque semble être tombée dans le vide. Faites vous-même l'expérience : n'avez-vous jamais ressenti de lassitude au point de ne plus avoir *envie* de bouger, au point de perdre toute motivation et toute raison d'agir ? À tout moment de notre histoire, nous pouvons tous souffrir d'une perte de choix, d'une incapacité à nous déterminer, d'un manque de lucidité sur notre existence. Dans ces moments-là, qui en général surviennent lors d'une expérience douloureuse (perte d'un emploi, remise en cause affective, déprime, etc.), nous avons littéralement l'impression que « nos forces nous abandonnent ». Mais il s'agit en fait de l'abandon et du renoncement de la volonté. Sans que nous nous en rendions compte, *nous ne voulons plus*.

Une expérience m'a démontré l'immense pouvoir de la volonté. Au début de mes études universitaires, je fis la connaissance d'une adolescente. Depuis toujours, cette jeune fille avait des problèmes de poids. En quelques années, elle était passée du stade « normal » à celui de « pathologique ». Peu à peu, elle avait perdu l'habitude de rentrer dans les tailles standard. À huit ans, elle consultait déjà un « nutritionniste » (mot infâme et terrifiant pour un enfant). À dix ans, sa famille la considérait comme une handicapée et à quatorze ans, âge auquel je fis sa connaissance, elle obtenait une dérogation de la sécurité sociale pour intégrer un centre de soins pour adultes.

Témoin de cette expérience, j'ai vu cette jeune fille se battre sous mes yeux pour entrer dans ce centre, alors que sa famille ne comprenait ni sa démarche, ni son combat. L'adolescence est le moment privilégié où l'image de soi se façonne sous le regard de l'autre. Ce regard-là, cela faisait déjà bien longtemps qu'elle feignait de l'ignorer – pire encore, elle le dédaignait. Il lui fallait grandir pour saisir qu'on ne peut jamais se débarrasser du regard de l'autre – grandir consiste précisément à apprendre à affronter ce regard. Mais à l'époque, cette jeune fille était loin de penser à plaire ou à flatter le regard d'autrui ; la seule chose qui semblait la préoccuper, c'était de survivre dans ce corps qui lui paraissait abusif. Je pris l'habitude de la voir régulièrement. Tandis qu'elle me confiait son histoire, j'étais impressionnée par la force qu'elle déployait pour sortir de sa souffrance. Elle me raconta comment se sentir prisonnière de son corps et ne pouvoir s'en libérer la faisaient souffrir atrocement. Elle m'évoqua ce carcan au quotidien, à chaque heure, à chaque seconde.

Son problème majeur était celui de l'image de soi. Non celle que nous renvoient les autres ou encore celle qui semblerait convenir au nom des normes médicales ou sociales, mais véritablement la sienne propre. Un « gros » n'a pas d'image de lui-même car, par principe, il refuse de se regarder dans un miroir. Son image lui échappe et il préfère la laisser aux autres plutôt que de l'affronter en face. Cette jeune fille faisait partie de ces personnes pour qui être en apparence était un supplice.

À quatorze ans, elle s'était donc retrouvée dans un hôpital, entourée d'adultes femmes et obèses. Elle avait une bonne vingtaine de kilos à perdre, ce qui était bien peu comparé au cinquante et parfois cent kilos en trop de ses compagnes de régime. Elle m'expliqua alors que l'internement dans ce centre avait été décisif pour sa vie : ces femmes, toutes bien plus âgées, la traitaient avec mépris et n'hésitaient pas à la calomnier auprès des autorités hospitalières. Pendant plus de trois semaines, elle avait vécu un enfer : sous-alimentée (au régime adulte), critiquée, exilée et reniée, elle était restée seule, recluse et repliée sur elle-même. Paradoxalement, ce sort lui convenait. Et ce paradoxe fut un révélateur pour moi : la jeune fille que j'avais en face de moi n'était ni désespérée ni malheureuse. Elle était au contraire libre et enjouée.

Car cette vie au centre de soins, elle l'avait choisie : les pesées, les humiliations, l'environnement pathologique, tout était le fruit de sa volonté. Personne ne lui avait imposé de consulter un médecin. Elle avait elle-même décidé de lancer la dynamique de la guérison. Et c'est au terme de nombreux efforts qu'elle était parvenue à ses fins. Elle s'était battue contre l'administration pour obtenir cet internement en pleine année scolaire. Elle avait choisi un centre pour adultes parce qu'elle savait que les régimes dans les hôpitaux pour enfants, bien moins hypocalorifiques, l'auraient fait maigrir moins vite. Elle avait franchi l'étape de l'internement comme d'autres auraient gravi l'Everest. Elle voulait tant sortir de la prison intérieure que constituait son corps, que franchir les lourdeurs de l'administration lui semblait extrêmement facile.

Elle survécut à cette immersion dans un monde qui ne ressemble pas à la réalité ; elle survécut à un minimum de nourriture, elle survécut à la solitude et au temps qui dans ces moments-là ne passe jamais assez vite.

Elle survécut, car avant tout, et de toutes ses forces, elle avait *voulu* survivre.

En trois semaines, elle perdit sept kilos, ce qui lui valut les pires insultes de la part de ses compagnes de torture. Elle quitta le centre à temps pour passer son BEPC où elle obtint les meilleurs résultats de son département. À quatorze ans, elle avait entrouvert la porte de la volonté et elle venait de me démontrer combien ce pouvoir pouvait être infini.

Jamais je n'ai oublié la leçon de vie que m'a donnée cette jeune fille. Après des années d'études et de consultations, après avoir étudié les techniques institutionnelles de la pratique de la psychanalyse et de la psychothérapie, je gardais son expérience dans un coin de ma mémoire.

Chacun, d'une façon ou d'une autre, a pu éprouver l'insurmontable face à une difficulté dans la vie, avoir l'impression que son problème n'avait pas de solution, ressentir l'angoisse de se sentir prisonnier de sa souffrance… Mais qui a réagi ? Qui n'est pas tombé dans ce laisser-aller existentiel, appelé **vacuité**, préférant les habitudes et la souffrance plutôt qu'accomplir un effort pour changer la situation ?

La différence entre quelqu'un qui souffre et quelqu'un qui ne souffre pas (ou plus) se trouve dans sa volonté. Le régime que cette jeune fille avait suivi à quatorze ans avait marché. Elle avait perdu du poids, puis continué à en perdre, car elle avait pris conscience que son corps n'appartenait pas à l'image de celui qui la jugeait, ni au regard de la personne à qui elle voulait plaire : il lui appartenait à *elle*. En faisant ce régime et en persévérant, elle s'était réapproprié son corps. Or, cette réappropriation n'avait pu se faire que par le truchement de la volonté.

Comment expliquer que tous les régimes ne fonctionnent pas ? Ce n'est ni la faute du régime ni du médecin, mais bien celle de la volonté du patient. Le corps n'est pas une fatalité et l'image de soi encore moins. Il n'appartient qu'à soi de choisir de la modifier. C'est ce qu'on appelle la **liberté**. Être libre, c'est avant tout se libérer de la souffrance qui nous gâche la vie. La différence entre l'expérience de cette jeune fille qui s'est débarrassée de sa souffrance et celle de quelqu'un qui continuerait de la subir et de la porter pendant des années, se situe dans le fonctionnement de la volonté. Car il faut bien comprendre que toute cette démarche était **motivée**. Par « motiver », on entend avoir un but, la capacité de se fixer un objectif et les moyens mis en œuvre pour l'atteindre. C'est cela **être volontaire**.

Dans bien d'autres circonstances, on peut mettre en pratique le rôle salvateur de la volonté : dès qu'une difficulté se présente, on peut la dépasser par un effort volontaire. Quand on a l'impression que le monde ne tourne pas comme on le souhaite, la volonté est encore présente pour nous permettre de « *changer l'ordre de nos désirs, plutôt que l'ordre du monde*[1] ».

Certes, dans l'exemple que j'ai donné, le problème de poids infantile a certainement pour origine des problèmes psychiques réels, mais pas uniquement. Vouloir changer sa vie et se changer sont les premiers pas de la guérison. C'est pourquoi, j'ai décidé d'appliquer la volonté à une pratique thérapeutique. N'oublions pas, *pour guérir, le premier pas est celui qui consiste à vouloir guérir.*

1. D'après l'expression du philosophe René Descartes dans le *Discours de la méthode.*

Introduction

Qu'est-ce que la volothérapie ?

La volothérapie est donc une thérapie fondée sur le pouvoir de la volonté. La volonté est une faculté infinie en l'homme, qui lui permet d'agir ou de ne pas agir quand elle fait défaut. Notre pouvoir de se déterminer, de choisir et donc d'agir est aussi infini que notre pouvoir de renoncer à agir, de subir et de devenir spectateur de notre propre existence. La moindre de nos actions est le fruit d'une motivation. Aussi, comprendre comment fonctionne la volonté, c'est apprendre à devenir heureux en se donnant les moyens de ses choix. C'est vouloir ne plus souffrir.

Ce qui empêche la volonté de se déterminer relève précisément des angoisses de toutes sortes, et avant tout générées par la société contemporaine : angoisse devant le temps, angoisse devant soi-même, angoisse devant les autres, angoisse de l'échec, angoisse de l'insatisfaction, etc. Pour soigner ces angoisses, il faut redonner à la volonté la force de se déterminer, en la motivant à nouveau.

Symptôme répertorié depuis bien longtemps, l'angoisse n'est pas une maladie, mais un état d'être, et plus précisément de mal-être. En deux mots, on peut dire que l'angoisse désigne le vide de l'existence – et plus spécifiquement le sentiment que l'on éprouve devant l'impression de *néant*. Quand tout n'est plus que désolation et négation, quand aucune valeur ne se maintient pour aider les hommes à marcher, quand la liberté est devenue totale au point d'être elle-même sa propre limite, quand les hommes, après avoir « tué Dieu[1] », se regardent et ne découvrent que la solitude et l'exil dans un monde où ils ne se reconnaissent plus, l'angoisse naît – fille de Thanatos (pulsion de mort) et bâtarde d'Éros (pulsion de vie)[2]. Par sa dimension nihiliste, le monde moderne a favorisé l'angoisse. Une angoisse qu'il faut soigner.

Aujourd'hui, nous assistons à un nouveau type d'angoisse généré par nos sociétés occidentales, l'**angoisse existentielle** qui porte principalement sur la difficulté de vivre et sur la peur de se réaliser pleinement. Elle se retrouve à tous les niveaux de la société. Elle touche les enfants, les adultes, les personnes âgées et se manifeste toujours de la même manière : par la peur panique d'exister, qui crée une sorte de paralysie existentielle. Les conséquences peuvent être dramatiques : troubles du comportement, troubles alimentaires, anxiété, tétanie, déprime chronique, idées morbides, etc. Souvent, il appartient au patient de trouver en lui-

1. Nietzsche, *Le Gai savoir.*

2. Établi par Freud, le concept Éros/Thanatos désigne le combat psychique dans lequel s'affrontent l'instinct de vie et l'instinct de mort. L'instinct de vie doit l'emporter pour que le patient ne bascule pas dans la maladie psychique. Toutefois, ce combat est rude et l'issue n'est jamais acquise à l'avance. Dans nombre de nos comportements, on retrouve ce duel, et le manque de *volonté à vivre* peut conduire à une victoire de Thanatos sur Éros.

même les ressources pour se libérer de sa souffrance. L'important est d'être capable de motiver la volonté avec des objectifs singuliers et profonds ; des objectifs assez puissants pour que les réaliser devienne « vital ».

Thérapie au carrefour des disciplines – entre psychologie et philosophie – la volothérapie aborde l'homme avec un regard neuf. L'homme, dans sa totalité, n'est ni un pur esprit ni un simple corps ; de même il n'est pas que raison et intelligence, mais aussi désir, passion, émotions et sensation. Et un homme qui souffre, souffre dans son corps, tout autant que dans son esprit et dans son âme. Or, la volonté est un outil, un pouvoir que l'homme a sur lui-même, mais dont il ne se sert pas suffisamment ou de la mauvaise façon. Il ne s'agit pas de faire appel à l'autosuggestion qui est cette capacité à se motiver soi-même pour changer les choses, mais plutôt de retrouver – par l'intermédiaire d'un travail thérapeutique – cet effort qui nous pousse vers le bonheur. Pour cela, la volothérapie s'appuie sur quelques principcs simples :

1. Définir les raisons de la souffrance.
2. Définir les raisons pour lesquelles on décide d'accepter cette souffrance plutôt que de la combattre (c'est-à-dire pourquoi la volonté renonce à lutter).
3. Définir les moyens de changer les choses et re-motiver la volonté : retrouver par un processus intérieur des objectifs suffisamment importants – vitaux – pour qu'ils puissent motiver à nouveau la volonté afin de changer la situation.
4. Définir notre bonheur et nos intérêts à vivre : établir un projet de vie qui permette à la volonté d'exercer son pouvoir au quotidien.

Ce livre a donc pour vocation de redonner espoir à tous ceux qui souffrent en silence d'un mal qu'ils ne comprennent pas, d'une souffrance bien souvent irrégulière mais néanmoins ingérable ; d'une douleur qui les empêche tout simplement d'être heureux et d'accéder au bien-être.

Il nous propose de renoncer à cette angoisse qui s'apparente à une impression d'étouffement intérieur, ou encore au sentiment d'être prisonnier – *aliéné* – à une situation sur laquelle on n'a aucune prise. Pour pallier de telles souffrances, la volothérapie rappelle qu'il faut réagir, et parce que la volonté est commune à chaque homme, elle offre les moyens physiologiques de le faire. Thérapie de l'espoir, qui repose entièrement sur les facultés humaines, la volothérapie rappelle que souffrir c'est faire le choix implicite de cette souffrance tant qu'on n'a pas décidé de se battre. De fait, nous pouvons changer de choix et d'orientation. Quand on a compris cela, tout reste possible.

QUAND LA VIE PERD TOUT SON SENS...

Cette méthode novatrice est inspirée de la logothérapie, une discipline révélée par le psychiatre viennois Viktor Frankl, un contemporain de Freud. Viktor Frankl, qui la qualifie de « recherche du sens », pratiqua sur lui-même la méthode qu'il avait mise au point, et fut capable de vivre malgré la perte de toute sa famille à Auschwitz, où il survécut par miracle. Il parvint à trouver en lui la force nécessaire qui lui permit de redonner à la vie sa valeur première, alors que tout ne semblait que désolation et déconstruction. Mais si la logothérapie soigne par le sens (*logos*), la volothérapie insiste sur l'agir et le **pouvoir de la volonté**. Car si l'homme se définit comme un être de sens en ce qui concerne ses choix existentiels, en revanche, il est essentiellement un être de volonté dès lors qu'il s'agit de mettre ses choix en application.

De plus, nos actes ne sont pas toujours l'expression d'une réflexion ou encore le fruit d'une rationalité bien pensée. Toute action nécessite l'élan de la volonté, car elle est le moteur même de l'acte. Sans elle, on ne saurait agir. De plus, alors que Viktor Frankl insiste sur le rôle de la raison qui permet de donner un sens à sa vie, la volothérapie rappelle que la raison est limitée. En effet, il ne suffit pas de savoir ou de comprendre pour être heureux. Et ce n'est pas parce qu'on *comprend* que l'on *guérit ;* mais c'est bien parce qu'on le *veut* qu'on *peut* aller mieux.

En outre, j'ai constaté, au cours de mes nombreux entretiens, que le sens ne s'imposait pas directement à notre conscience. Et si Viktor Frankl suscite et incite cette recherche de sens chez ses patients, il faut aussi un état d'être particulier lorsqu'on veut guérir. En effet, le patient doit être disposé à cette recherche de sens, c'est-à-dire se montrer capable de faire la démarche vers le thérapeute ; et ensuite, lors de la thérapie, il doit être en mesure de recevoir la parole du thérapeute. Cette **capacité** se traduit par un acte de la **volonté**. Sans volonté, le patient va se contenter d'émettre des **résistances**[1] à l'égard de sa souffrance

1. Dans la méthode psychanalytique qui est très différente de celle que nous proposons, le mécanisme de résistance arrive au début de la cure. C'est un processus « naturel » dans le développement de

d'une part (en se montrant incapable d'admettre qu'il souffre d'une angoisse) ; et à l'égard du discours du thérapeute, d'autre part. Un **acte volontaire** peut conduire à dépasser le mécanisme de résistance. Autant dire qu'avant de guérir, il faut d'abord parvenir à admettre que l'on souffre, puis accepter de recevoir un discours parfois brutal qui révélera les buts et les raisons véritables pour lesquels on vit. Un animal peut vivre sans but, mais pas l'homme. Et, comme je le disais, notre société a perdu ses valeurs et tout son sens. L'homme est comme un égaré, un enfant orphelin à qui on aurait arraché la faculté de rêver. Le mal-être est devenu un symptôme et le bonheur, le signe de la guérison. J'ai approfondi ce que la logothérapie – qui se fonde sur la recherche du sens – laisse entendre sans le développer ; à savoir le mécanisme primaire de la volonté. C'est pourquoi, j'ai érigé une méthode déviée de la logothérapie, qui met en évidence le rôle curatif de la volonté : la **volothérapie.** En effet, on ne peut pas viser ou atteindre un quelconque sens dans la vie sans volonté. Il faut bien comprendre que la volonté est à l'origine même de nos actions, de notre **agir**. Or, la souffrance implique un renoncement de la volonté. La guérison ne peut donc se faire qu'au moyen d'une *ré-action* de la volonté. C'est cette dynamique que la volothérapie permet de réaliser.

la cure. La résistance mure l'accès à l'inconscient et entrave le processus de la cure. Le travail psychanalytique va justement consister à lever ces résistances. Dans les *Études sur l'hystérie*, Freud établit que, plus on s'approche du noyau pathogène, plus la résistance est grande, limitant ainsi l'interprétation et la remémoration.

De manière générale, la volonté est motivée par un **désir** : du désir de réaliser ses buts les plus fantasques au but ultime qui est celui d'être heureux. La volonté est justement ce qui permet de trouver les moyens d'atteindre nos fins, de réaliser nos désirs.

Mais lorsque le désir premier – le désir de vie – disparaît et laisse place à la **vacuité** ou encore à l'**angoisse existentielle,** la volonté n'a plus d'autre but que le **vide**[1]. En clair, elle n'agit plus. De même le sujet n'agit plus. On retrouve cela dans de nombreux cas, comme par exemple lorsqu'on est atteint d'*apathie*. L'apathie est l'état de non-réaction qui caractérise une personne vide (ou vidée de tout désir). L'apathie se caractérise par un état nonchalant, par une errance sans but dans l'existence, comme si on vivait sans savoir pourquoi, sans raison. On retrouve l'apathie dans de nombreuses déprimes et les symptômes peuvent aller jusqu'à des formes de paralysie : on n'a plus envie de sortir de son lit, on n'a plus envie de parler aux autres, on n'a plus envie de sortir dans la rue, on n'a plus envie de sourire, de s'habiller, ou même de se laver, allant jusqu'à s'oublier soi-même… allant jusqu'à nier sa propre existence. Se pose alors la question suivante : souffre-t-on vraiment dans cet état léthargique ? Ce n'est pas certain, car on s'habitue au vide. On oublie que l'on souffre et le vide prend jour après jour de plus en plus de place dans l'existence au

1. La philosophe Hannah Arendt disait « qu'une fois qu'on est vide, alors, on est prêt à juger » (*Responsabilité et jugement*, Payot, Paris, 2005, p. 25). Ce qui signifie qu'en dernier recours, ce qu'il nous reste, c'est de ré-agir ou de se laisser aller jusqu'au point de renoncer à la vie.

point de masquer la souffrance et de faire de cette apathie un état normal. Contre cela, il faut réagir et redonner à la volonté les moyens de renverser une existence qui se nie en permanence. Atteint d'un tel état, vous devez prendre le temps de consulter votre for intérieur, d'interroger votre existence et de prendre conscience que vous avez un pouvoir, une puissance infinie sur votre existence, une puissance qui n'appartient qu'à vous : changez votre vie pour qu'elle vous rende heureux. Sortez de votre lit, regardez la vie en face et dites-vous : « J'ai les moyens de réaliser mes objectifs. Mais quels sont mes véritables objectifs ? Est-ce de rester prisonnier de cet état de vide, de cette angoisse qui m'empêche de vivre ? Certainement pas. Alors, je sais une chose, je ne veux plus de cette souffrance-là. »

La volonté est la seule faculté psychique capable de nous mouvoir, de nous inciter au changement. Elle est le moteur même de toute action et donc par extension de toute guérison. Comme le philosophe des Lumières, Emmanuel Kant, on pourrait reprendre la célèbre formule de Descartes et la détourner pour en faire la maxime de la volothérapie : « Je veux donc je peux. »

Principes théoriques de la volothérapie

La volonté est la marque de notre liberté. Si vouloir, c'est pouvoir, et que pouvoir, c'est être, alors la volonté est ce qui nous permet d'exister. La liberté consiste à faire un choix et à s'y tenir. C'est aussi ce qu'on appelle la détermination. Or, il faut beaucoup de volonté pour se tenir à ses choix. Mais que serait un choix là où il n'y aurait plus de volonté ? Ce n'en serait plus un. La volonté consiste précisément à vouloir ou à ne pas vouloir[1], c'est-à-dire à m'affirmer en tant que sujet libre, singulier, unique. Elle constitue le noyau de la personnalité et du caractère.

Le manque de volonté n'implique pas seulement une incapacité à agir. Il paralyse le jugement. Sans volonté, plus aucune faculté psychique ne peut fonctionner.

La volonté est l'effort qui est à l'origine de tout mouvement, mais aussi de toute pensée et de toute idée. Sans elle, l'être humain ne serait pas capable d'élever son jugement au-dessus du stade du naturel et de l'instinctif[2]. Le jugement, la raison, les affects, etc., sont la conséquence d'un effort de la volonté. Mais aujourd'hui, le monde occidental souffre d'une

1. Descartes en donnera une telle définition dans *Les Méditations métaphysiques :* « La volonté consiste seulement en ce que, pour affirmer ou nier, pour suivre ou fuir les choses que l'entendement nous propose, nous agissions de telle sorte que nous ne sentions point qu'aucune force extérieure nous y contraigne. » Méditation IV.

2. La *psychologie de la volonté* ou le *volontarisme* ne prend pas en considération toutes les dimensions de la volonté. Nous devons évoquer les travaux de Wund. Dans *Esquisse d'une psychologie*, il précise : « La psychologie volontariste soutient que la volonté, avec les sentiments et les états affectifs qui s'y rattachent étroitement, est une partie constitutive de l'expérience psychologique, non moins indispensable que les sensations et les représentations, et que c'est d'après l'analogie du vouloir qu'il faut concevoir tous les autres processus psychiques. » Wund estime que la volonté ne détermine pas l'ensemble des phénomènes psychiques, mais qu'il faut les penser à partir du vouloir. On pourrait toutefois critiquer cette position en opposant le fait que les volontaristes ont souvent confondu « activité » et « volonté ».

déperdition de la volonté qui, encore une fois, est le pilier de la constitution psychique d'un individu. En perdant sa volonté, le sujet se perd lui-même et perd son existence. La volothérapie insuffle cet effort au psychisme, ce qui permet de faire réagir le sujet afin qu'il retrouve le pouvoir de sa volonté.

On pourrait exposer le schéma suivant afin d'illustrer le mécanisme psychique de la volonté :

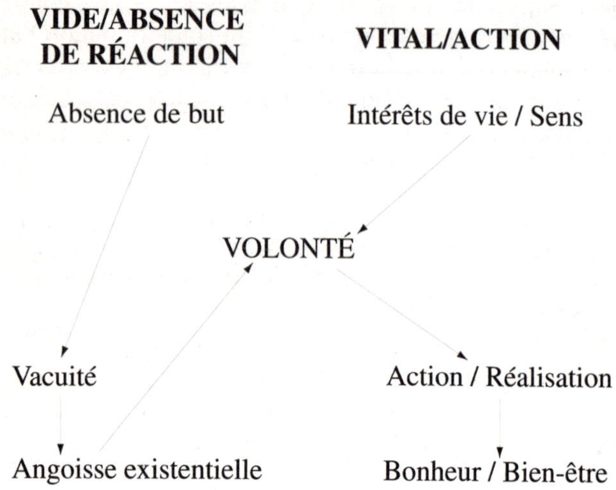

Ce schéma montre clairement que la volonté est activée par les intérêts de vie. Les **intérêts de vie** représentent les buts que l'on veut atteindre dans l'existence. Ils sont ce qu'il y a de plus essentiel dans la réalisation de l'être humain. Aussi, ils ne doivent pas être définis à la légère, mais répondre à de profondes interrogations. Parce qu'ils sont les buts de notre existence, les intérêts de vie sont donc le véritable moteur de la volonté : je vise un but qui constitue un véritable intérêt pour moi. La volonté, en tant qu'elle appréhende ce but comme un bonheur possible, va tout mettre en œuvre pour que je l'atteigne. Voilà quel est le mécanisme simplifié par lequel la volothérapie peut aider à dépasser une situation qui semble inextricable.

Seuls les **intérêts de vie** (le sens que l'on donne à la vie, l'objectif vital) parviennent à mouvoir la volonté, qui, de fait, peut nous permettre d'agir et d'atteindre le bonheur. En définissant ses intérêts de vie, la volonté est suffisamment motivée pour obtenir ce qu'elle souhaite.

Principes cliniques et pratiques de la volothérapie : Pourquoi la volothérapie est efficace

La volothérapie permet de retrouver en soi le pouvoir de la volonté dans le but de se libérer d'une souffrance intérieure. Cette thérapie peut être résumée par trois questions. La première est : « Pourquoi agir de cette manière plutôt que d'une autre ? » ; la deuxième est : « Pourquoi continuer à agir de cette manière plutôt que d'une autre ? » et la troisième : « Quels sont les moyens dont on dispose pour continuer à agir de cette manière plutôt que d'une autre ? » Ces trois questions sont au fondement même de chaque personne. Elles expliquent le passé (question n° 1), tout comme elles peuvent prévenir l'avenir (questions n°s 2 et 3). La volonté, bien plus que toute autre puissance psychique en l'homme, est infinie. Et à la différence de l'inconscient qui en fait l'économie et qui opère une sorte d'emprise chez le sujet, la volonté est toujours libre, rien d'autre qu'elle-même ne peut la contraindre.

Cette technique thérapeutique est très importante car elle permet un résultat immédiat et durable. Le patient n'est pas contraint d'effectuer une analyse de plusieurs années (bien que cela ne soit pas contradictoire) et parvient à se libérer de ce qui l'empêche d'être vraiment heureux. La volothérapie peut venir à bout de certaines névroses, des phobies, des angoisses, des troubles alimentaires et du comportement, des déficiences affectives, etc.

Le bonheur n'est pas un idéal qui ne s'atteint que dans le monde des rêves et de l'imaginaire ; ni une prédestination qui n'arrive qu'aux autres. Il n'est pas non plus une illusion et nous sommes tous capables d'être heureux et soulagés des souffrances qui minent le quotidien de notre existence. Mais encore faut-il que nous manifestions le désir de nous libérer des nœuds qui nous encombrent et que nous ayons la volonté de retrouver le chemin de notre bonheur. Les quelques pages qui suivent ont été écrites afin de permettre à ceux qui souffrent de prendre conscience que la douleur existentielle n'est pas une fatalité. Il existe une technique qui peut guérir et délester de cette « douleur d'être ». Dès lors, il ne reste plus qu'à vivre heureux en accomplissant ses propres choix de vie.

D'une manière plus concrète, découvrir la volothérapie va vous permettre de reprendre en main votre existence. Au lieu de subir le quotidien, vous pourrez apprendre à le gérer. Il ne s'agit pas seulement d'apprendre à faire un choix rationnel mais surtout de faire le choix le plus « juste » pour soi-même. Et cela ne s'apprend qu'en travaillant intensément sur soi. Face à une difficulté, la plupart du temps, nous avons tendance à baisser les bras, à nous sentir impuissant et anéanti. Pourtant, avec davantage de clairvoyance, nous serions rapidement capables de dépasser cette difficulté. Effectuer une volothérapie permet de construire un pont entre soi et soi-même, un pont grâce auquel nous serons davantage capables de traverser les douleurs et les angoisses de l'existence. La volothérapie ne pense pas qu'il y a de petites et de grandes souffrances, car il ne faut pas sous-estimer la douleur d'être ou d'exister. Une telle douleur a pour conséquence le **syndrome de vacuité** et l'**angoisse existentielle** qui se retrouvent à tous les carrefours de notre existence.

I

Le rapport à la vie
Le bonheur, une question de choix de vie

Le bonheur… Vaste et singulier sujet qu'il est inutile de définir. À chacun de retrouver en lui sa propre définition d'exister et surtout de trouver le chemin pour se réaliser. Les stoïciens voyaient le bonheur dans l'*ataraxie*, c'est-à-dire dans l'absence de trouble dans l'âme. Ils suggéraient la satisfaction des désirs naturels et nécessaires : pour eux, ne pas combler ces désirs nuisait au bon équilibre de la vie. Toute vie humaine « normale » tend vers le bonheur, quel qu'il soit. Et ce bonheur peut prendre autant de visages qu'il existe d'hommes. Il peut pourtant sembler que le bonheur ne soit pas du ressort de la thérapie. En effet, le malheur ou la tristesse sont-ils devenus des maladies en ce début de millénaire ? Contre toute attente, je dirais que oui. Ce dont les gens souffrent le plus, c'est bien de tristesse, de vacuité, de désespoir, symptômes du malheur ou d'une vie misérable. Toute souffrance a droit à son médicament, à son traitement et je m'étonne encore qu'on n'ait rien trouvé pour lutter contre la souffrance que constitue le simple fait d'être homme et de vivre une existence humaine. Une thérapie ne doit-elle pas en premier lieu s'occuper du « mal à l'âme », comme on a mal au cœur, ou encore mal au ventre ? Le XXIe siècle plus que toute autre époque éprouve les conséquences d'une vacuité d'existence entraînant l'incapacité à être heureux. Et personne ne semble se soucier des conséquences d'un tel diagnostic. Au mieux on vous prescrira le « médicament du sourire » qui, par une molécule chimique magique, vous permettra de sourire sur commande. Comment peut-on laisser sombrer le monde dans son propre désespoir et qui de surcroît est contagieux ? La volothérapie se présente comme la réponse clinique et existentielle à ces maux. Doit-on laisser une femme, qui vient de perdre son mari après plus de quarante ans de vie commune, dans son chagrin, abandonnée à sa propre misère sous le prétexte qu'elle ira mieux dans un an ? A-t-on éthiquement le droit de laisser souffrir les gens sous couvert que le temps arrange tout ? Pourtant, la solution est simple, et elle est en chacun de nous. Encore faut-il le savoir et retrouver le chemin de la guérison.

Deux situations sont en question dès lors qu'il s'agit de bonheur : soit on vit un moment particulièrement difficile dans sa vie – il s'agit d'une situation inhabituelle et à l'origine de la souffrance (choc traumatique, dépression, déprime, rupture violente du quotidien, etc.). Soit la vie semble n'être et n'avoir toujours été que vacuité. Il s'agit alors d'une situation où la question des fins et du bonheur ne s'est jamais posée comme telle. Dans les deux cas, la volonté doit agir : soit pour sortir d'une souffrance ; soit pour rompre avec la vacuité. La volothérapie conseille alors trois attitudes. La première consiste à découvrir et à définir ses propres désirs. La deuxième à déterminer les moyens de réaliser ces désirs, et enfin la troisième à pérenniser ces buts dans le temps. Décider de sa vie, c'est décider du même coup de son bonheur.

DÉCOUVRIR SES PROPRES DÉSIRS : DU BILAN DE VIE AUX INTÉRÊTS DE VIE

À première vue, rien ne semble plus simple que de découvrir ses désirs. Et pourtant personne ne le fait. Découvrir son désir de vie, c'est dire pourquoi on a intérêt à vivre plutôt que de renoncer. C'est la première question de notre existence, celle qui est au fondement de notre être, celle aussi qui constitue le véritable moteur de notre agir. Or, est-ce une question que nous nous posons chaque jour en nous levant ? Est-ce que chaque jour nous faisons le choix de vivre ? Est-ce que nous satisfaisons chaque jour nos intérêts de vie ? Si nous ne vivons pas chaque jour pour satisfaire nos intérêts de vie, alors pourquoi vivre ? Et comment être heureux, si l'on n'a même pas conscience d'exister ?

La première étape d'une volothérapie va permettre de prendre conscience des désirs les plus profonds. Une fois ses désirs extériorisés, révélés, il faudra alors déterminer une orientation de vie, c'est-à-dire un chemin, une direction sur laquelle ces désirs pourront s'inscrire et se réaliser. Ce sera aussi un moyen de mettre sur table ce qui peut constituer un « nœud » dans l'existence.

Très souvent, ce qui ne permet pas de faire un choix vient du fait qu'un sujet n'a pas l'esprit assez « clair » pour se déterminer. Or, nous seuls pouvons changer les choses. La volonté est affaire d'intériorité et de singularité. Si la situation dans laquelle je vis ne me convient pas, alors je vais faire en sorte de la changer, puisque *je veux donc je peux*. Bien sûr, on pourrait rétorquer qu'il existe des cas où on ne peut modifier une situation, comme un prisonnier qui souffre de son manque de liberté ou encore quelqu'un qui est atteint d'une maladie incurable. Pourtant, si nous ne pouvons changer une situation qui ne dépend pas de nous, en revanche, nous pouvons changer notre manière d'appréhender la situation. Par exemple, un prisonnier peut occuper son temps d'incarcération avec intelligence et reprendre des études ou apprendre un métier. Ou encore méditer sur sa condition et ressentir intérieurement la valeur de chaque chose et de chaque sentiment pour qu'à sa sortie, il puisse apprécier la vie avec intensité dans sa totalité, dans sa quintessence. De plus, vivre sa vie de manière deux fois plus intense, c'est le moyen de la vivre deux fois et de rattraper le temps perdu. Quant au malade incurable, peut-être est-ce pour lui l'occasion de réfléchir réellement sur ce qui le rendrait heureux et sur ce qu'il veut retenir de son passage sur terre. En trouvant des intérêts de vie très rapidement accessibles et en faisant tout pour les réaliser, il pourra partir satisfait, quand d'autres ne mèneront qu'une vie dénuée d'intérêts. Peut-être sera-ce aussi l'occasion de se dire que si tout est *déjà* fini pour lui, il laisse des proches pour qui la vie risque d'être difficile et donc de faire du bien aux autres. En faisant le bien autour de soi, on est heureux. La première étape est donc de prendre conscience de ses désirs profonds. Faire un bilan de vie, c'est donc plonger au cœur de soi-même pour y puiser nos véritables intérêts à vivre.

Ce bilan de vie établi en mettant au jour nos désirs profonds et nos intérêts de vie, il reste à mettre tout en œuvre pour les réaliser en passant à l'action.

RÉALISER SES DÉSIRS ET PASSER À L'ACTION

Prendre conscience de ses désirs n'a d'importance que dans la mesure où l'on souhaite tout mettre en œuvre pour les réaliser. Qu'est-ce que réaliser ses désirs ? S'agit-il de devenir le « maître du monde » ? De devenir le plus intelligent ? La plus belle ? Autant d'illusions qui ne correspondent pas à de réels intérêts de vie. Il s'agit de fantasmes plus que de désirs. Réaliser ses désirs va consister, après les avoir clairement définis, à trouver les moyens d'atteindre ses propres fins. Les moyens peuvent diverger et, une fois encore, il convient d'établir un programme de vie. Prenons l'exemple de quelqu'un qui n'est pas heureux en couple, parce qu'il ne parvient pas à s'affirmer en tant que singularité propre. Après avoir décidé que son véritable désir est de sortir de cette souffrance quotidienne, il pourra choisir entre plusieurs chemins : rompre son couple, ce qui permettra une expression totale, ou alors chercher les moyens de faire comprendre à son conjoint combien la situation est étouffante, ou encore cultiver son jardin secret, etc. Autant de solutions possibles mais qui ne sont pas exhaustives, car chaque cas est particulier et se construit en suivant sa propre voie. La deuxième étape va donc consister à établir un programme de réalisation de ses désirs. Un programme qui ne reposera que sur l'effort volontaire que l'on manifestera pour atteindre ses intérêts de vie. Mais il ne suffit pas de prendre conscience de ses désirs et de trouver les moyens de les réaliser pour être heureux. En effet, encore faut-il que cette satisfaction soit durable dans le temps pour réellement l'éprouver comme telle.

L'EMPATHIE : SAVOIR DONNER POUR RECEVOIR

Une fois que l'on a appris à s'aimer soi-même, à définir ses intérêts de vie et à trouver ainsi un équilibre de vie, nous sommes plus à même de nous tourner vers les autres.

Dans la relation affective primaire, nous retrouvons la cellule familiale. La première demande d'un enfant est une exigence d'amour. La société pousse à cette demande et l'on doit aimer son enfant, sans même se poser la question de savoir si vraiment *on l'aime*. Si l'on pousse la logique jusqu'au bout, il est normal qu'en retour un enfant aime ses parents inconditionnellement.

Mais l'amour ne correspond pourtant pas à une logique quelconque. Aimer n'est pas non plus un instinct, mais une nécessité. La vie vaudrait-elle la peine d'être vécue sans amour ? La question de la demande d'amour se pose à nouveau à l'adolescence car c'est l'âge des premiers émois ; c'est aussi l'âge où l'on se détache de la cellule familiale. Cette séparation naturelle se fait avec plus ou moins de difficultés, mais on peut dire que ce qu'il en résulte, c'est la découverte de la volonté. L'adolescent prend conscience de son autonomie et du pouvoir intérieur qui est le sien.

C'est aussi à cet âge que l'on connaît ses premières histoires d'amour et que l'on est confronté aux relations sociales. Ce qui nous permet d'aborder un point essentiel sur lequel se fonde la volothérapie, l'**empathie.** L'empathie est cette attitude qui consiste à accueillir l'autre en soi. Plus précisément, elle consiste à aller vers l'autre, à le comprendre et à partager ses sentiments ou ses sensations. En cela, l'empathie peut être le premier mode d'approche et de connaissance de l'autre. Elle fonde ainsi des relations sincères et affectives avec l'autre. Entrer en empathie avec l'autre, c'est lui faire place à l'intérieur de soi.

Toutefois, l'empathie ne repose pas seulement sur des relations affectives ; la joie ou la tristesse sont source d'empathie. De fait, l'empathie n'est ni de la sympathie, ni le contraire de l'antipathie. Elle est cette compréhension émotive de l'autre dans une dimension d'humanité. En cela, toute thérapie devrait être une empathie.

Toutefois, les relations humaines ne sont pas toujours source d'empathie et bien souvent elles sont davantage source d'angoisse et de tourment. La société n'est pas un jeu, et paradoxalement, c'est dans ce terrain où il est question de survie que l'on essaie d'exister sans jamais être soi-même, dans la mesure où tout n'est que masques et représentations. Dans ce cas, toute empathie devient improbable. La sincérité a au mieux sa place dans un contexte familial dans lequel l'affectif est rassuré, mais existe difficilement au sein des relations sociales.

TROUVER ET CONSERVER SON PROPRE ÉQUILIBRE DE VIE

Les autres sont une nécessité ; on ne peut vivre sans eux et, pourtant, ils sont l'obstacle majeur à la réalisation de nos désirs et à l'accomplissement de nos intérêts de vie.

Il faut donc trouver un équilibre entre la fin et les moyens, un équilibre entre nos propres intérêts et ceux des autres. Mais cet équilibre doit être durable car il est le socle sur lequel repose notre bonheur. Cet équilibre ne signifie pas que le sujet doit atteindre lui-même un degré de sagesse et vivre psychiquement dans l'homéostasie (l'absence de tension). Bien au contraire, cet équilibre peut être comparé au rythme d'une bonne marche : une fois qu'on a décidé du lieu dans lequel on doit se rendre (le bonheur/les intérêts de vie – étape n° 1), qu'on a déterminé le chemin qui permet d'atteindre cette destination et qu'on se met en marche (la réalisation des désirs – étape n° 2), il ne reste plus qu'à prendre le bon rythme pour que cette marche soit la plus douce et la plus agréable possible (équilibre entre fin et moyens – étape n° 3). Cet équilibre est aussi unique et propre à chaque personne. Il permet aussi de vivre heureux, tout en attendant la pleine réalisation de ses désirs dans la mesure où l'on vit en conformité avec soi. La tristesse n'est pas une fatalité. Parfois, un rien permet de transformer des larmes en sourire. Un rien qui vous est donné par un volothérapeute.

La volothérapie s'adresse à toute personne qui ne fait pas l'effort de s'interroger, chaque jour, sur sa raison d'être ; à toute personne qui ne parvient pas à trouver le chemin de sa réalisation dans l'existence ou encore à tous ceux qui ont fait de leur souffrance une habitude.

II

Le rapport à soi
Guérir de la vacuité intérieure

La vie est faite de choix. Chaque acte est un choix et nous engage dans l'existence. Aussi nous pouvons dire qu'un être humain se définit par la somme de ses actes et donc par ses choix. Pour choisir, il faut être capable de voir que des choix se présentent à nous. Or, la majorité d'entre nous n'arrive même pas à donner une raison valable à ses actes : ce qui implique qu'on subit la vie, plus qu'on ne la choisit. Mais comment atteindre le bonheur si l'on est incapable de dire pourquoi on choisit d'agir d'une manière plutôt que d'une autre ? Comment vivre heureux, si l'on ne fait pas avant **le choix de vivre** ?

Aujourd'hui, nos actes manquent de motivations, nos désirs de réalisations et notre esprit de rêves. Nous vivons sans nous retourner, sans savoir que l'on vit, sans conscience de ce qui motive nos actes ni de leurs conséquences. Notre vie est devenue vide, parce que sans but et sans raison : se lever le matin et partir travailler, pour qui ? pour quoi ? Demain, vivre pour construire une famille sera-t-il encore une raison suffisante pour nous donner la force de nous lever ? L'absence de raison et d'intérêts peut parfois devenir une absence d'envie de vivre.

Le **syndrome de vacuité** se présente sous la forme d'une paralysie de nos facultés, limitant toute action de la volonté. La vacuité est cet état d'être qui nous transforme en machine incapable de décisions, d'affirmation personnelle ou encore de réalisation. Tout être humain peut en être atteint à n'importe quel moment de sa vie : les enfants comme les personnes âgées, les femmes comme les hommes.

Il ne faut surtout pas laisser le syndrome de vacuité prendre définitivement le contrôle de nos facultés psychiques, car cette mécanique peut conduire à une dépression qui, dans le pire des cas, peut être fatale. La personne souffrant de vacuité est celle qui a cessé de se battre pour la vie, celle qui a renoncé. Et cette renonciation est l'expression même de l'abandon de la volonté. La première manifestation du syndrome de vacuité apparaît dans les pathologies issues du rapport avec soi-même. La première rencontre que l'on fait dans l'existence est la rencontre avec soi-même : on s'interroge de l'intérieur ; on se questionne ; on cherche à savoir qui l'on est. Cette rencontre avec soi est aussi importante que douloureuse. En effet, l'être que l'on scrute dans le miroir, ou celui qui suscite bien des étonnements, n'est pas toujours en conformité avec l'être que l'on voudrait paraître. Ce qui implique que l'image que l'on a de soi ne correspond pas nécessairement à l'image que l'on voudrait donner aux autres. Ce déséquilibre est cause de nombreux symptômes et de souffrances qui peuvent avoir des conséquences dramatiques. Il faut alors comprendre que l'équilibre intérieur repose sur la superposition parfaite de ces deux images au point de n'en faire qu'une : image de soi et image que l'on donne de soi. Lorsque les deux images sont décalées, qu'elles ne sont pas totalement superposées, des troubles apparaissent. Le rapport à soi est infiniment complexe et n'en finit pas d'interroger les médecins, les psychanalystes, les philosophes ou les personnes qui se sentent mal dans leur peau. La première chose à faire est donc de régler la question de l'image de soi, une question que l'on retrouve au centre de très nombreuses pathologies.

Qu'en est-il de ce type de souffrance ? On pourrait dire rapidement que l'on est « condamné » à vivre avec soi-même. On n'a pas d'autres possibilités. Mais, quand on ne s'accepte pas, notre vie peut rapidement devenir un calvaire. Essayons tout d'abord de comprendre les raisons pour lesquelles on ne s'accepte pas :

1. Parce qu'on n'arrive pas à s'aimer.
2. Parce que les autres ne semblent pas nous aimer suffisamment.
3. Parce qu'on s'accuse d'avoir une vie insatisfaisante.
4. Parce qu'on a l'impression d'être dépossédé de sa vie, d'être perdu.

À ces problèmes vis-à-vis de soi-même se rattachent des troubles tels que : les déséquilibres alimentaires, les destructions physiques, certaines addictions qui révèlent une volonté morbide, ou encore les déprimes et toutes les formes d'angoisses liées par exemple à la solitude ou au sentiment d'inutilité et d'inexistence.

Pour lutter contre ces symptômes de mal-être, la volothérapie propose tout d'abord d'apprivoiser et de contrôler son image (le corps et l'esprit). Ensuite, il s'agit de parvenir à se libérer du regard de l'autre pour mieux affirmer nos choix individuels. Puis de trouver des moyens propres à chacun pour sortir de ce vide intérieur. Enfin, de parvenir à se retrouver. Dans chacune de ces situations la volonté joue un rôle prépondérant et permet le *passage à l'acte* qui n'est autre que le passage du « refus-de-la-vie » à « je-veux-la-vie ».

Apprivoiser et maîtriser son image

La crise qui affecte notre société est d'abord une crise de **l'image**, liée notamment à l'importance des médias visuels, des affiches publicitaires, des modes vestimentaires et des apparences. Plus que jamais notre siècle voit la consécration de l'image. Tout est affaire de représentation avant tout. Il s'agit de **paraître**, avant **d'être**. Ce qui revient à dire qu'il faut se montrer, plutôt que de se faire comprendre. Pourtant, très souvent, dans notre environnement social, nous avons l'impression d'être « incompris » ou d'être « mal jugé », ce qui nous fait considérablement souffrir : des parents incompris de leurs enfants, des enfants incompris de leurs parents, des employés incompris de leur patron, des patrons incompris de leurs employés, des amitiés déstabilisées par les quiproquos et des amants qui n'arrivent plus à se parler. Le monde est fait d'une incompréhension, contre laquelle, hélas, nous ne pouvons rien.

Plutôt que de subir ces injustices, ces souffrances, nous pouvons faire en sorte de modifier ce qui ruine notre quotidien. Pour cela, il n'existe qu'une solution : cesser de vouloir transformer le monde et préférer se transformer soi-même. En ce qui concerne la question de l'image de soi, cela signifie qu'il faut cesser de chercher sa propre image dans le regard de l'autre. C'est là une erreur fondamentale qui est une cause de profondes souffrances. La plupart du temps et de manière involontaire, on a tendance à chercher une reconnaissance, un assentiment dans le jugement de l'autre. Or, pourquoi l'autre serait-il mieux placé que nous-mêmes pour dire qui l'on doit être ? Pourquoi les autres sauraient-ils mieux que nous ce qu'il y a de mieux pour nous ? Ces réactions semblent absurdes et pourtant il s'agit de notre manière habituelle d'agir. Devant l'autre on se place en état d'infériorité, en état de demande, alors qu'on devrait d'emblée s'affirmer comme vainqueur, ou tout simplement comme différent.

Prenons l'exemple d'une personne qui souffrait d'un déséquilibre dû à l'image de soi et voyons ensuite quel rôle peut jouer la volonté pour l'aider à surmonter cette souffrance :

Exemple n° 1 :
des dérives alimentaires au « complexe d'Atlas »

Une jeune fille souffrant de boulimie depuis quelques années est venue me consulter. En quelques séances, nous avons découvert ensemble que sa mère était anorexique, ce dont elle n'avait jusqu'alors pas conscience. Tout au long de son enfance, ma patiente avait donc été témoin du comportement de sa mère devant la nourriture. En continuant nos séances, nous avons pu établir que la mère avait des problèmes d'image très prononcés : elle souffrait de complexes profonds et avait assimilé le fait que sa propre mère la rejetait parce qu'elle n'était pas assez belle. Souffrant d'une telle déchirure, elle passait son temps à améliorer son apparence, elle en jouait sur la scène des réalités sociales, mais aussi familiales. Sa fille unique portait sans le savoir le poids de la souffrance de sa mère. Elle mangeait pour supporter ce fardeau et vomissait ensuite pour s'en libérer. Cette jeune fille était en pleine crise identitaire et on pouvait aisément comprendre son trouble ! Il fallait donc que je l'aide à lui faire prendre conscience de sa réalité propre, de son existence intérieure, indépendante de celle de sa mère. Cette jeune personne devait parvenir à s'assumer elle-même avec son propre destin, briser les liens « viscéraux » qui l'unissaient à sa mère. Il ne s'agissait pas seulement de « couper le cordon », comme on dit vulgairement. Il était aussi question de lui apprendre à ne pas être responsable de la souffrance de l'autre.

Cette jeune fille souffrait essentiellement de ce que j'appelle le « **complexe d'Atlas** », du nom d'un géant qui devait porter le monde sur ses épaules. Ce complexe s'apparente à la capacité de porter sur ses épaules les souffrances et les maux du monde entier, au point de les faire siens. De très nombreux enfants souffrent de ce complexe et, comme bien souvent leurs épaules sont trop fragiles pour porter les douleurs familiales, ils craquent ou s'écroulent sous le poids. Cela peut se manifester de plusieurs manières : les addictions alimentaires, la délinquance, l'alcoolisme, ou encore des formes de perversions. Cette jeune fille devait à la fois se réapproprier sa propre existence, construire sa véritable identité à partir de qui elle était et avoir le courage de laisser sa mère dans sa souffrance, ce qui est en général le plus difficile à réaliser. Les enfants se sentent tellement redevables de leurs parents, qu'ils sont prêts à tout pour les protéger. Ce schéma se retrouve souvent quand il y a des relations passionnelles entre parents et enfants. La volothérapie permet de démêler les nœuds affectifs et conflictuels ; de redonner à chacun sa place dans l'existence.

Cette jeune fille devait donc faire un effort – un effort de la volonté – pour sortir de son angoisse morbide et destructrice. En premier lieu, elle devait trouver la force d'affronter sa mère jusqu'à ce que celle-ci reconnaisse et avoue à sa fille sa propre souffrance. En deuxième lieu, elle devait être capable de littéralement « abandonner » sa mère dans sa souffrance. En prenant conscience de qui souffre vraiment, cette jeune fille devait se libérer d'un poids qui n'était pas le sien. En troisième lieu, il ne lui restait plus qu'à découvrir qui elle était et ce à quoi elle aspirait. Je lui conseillai de quitter le nid familial et de partir faire ses études loin de sa famille et de sa mère. Elle accepta immédiatement : elle avait compris qu'il était dans son intérêt – son **intérêt vital** – de se réapproprier sa vie et de commencer à vivre pour elle-même. La thérapie lui a permis de prendre conscience de ce qui était vraiment essentiel pour elle et de découvrir quel était le nœud du conflit – la relation douloureuse avec sa mère. Bien souvent, il faut du temps pour qu'apparaissent les intérêts de vie et pour être certain qu'il s'agit là de quelque chose de réellement vital.

Par cet exemple, nous pouvons constater combien les problèmes liés à l'image peuvent être destructeurs et revêtir différentes formes. Ici il s'agissait d'une surcharge pondérale. Dans une autre situation, nous pourrions avoir affaire à des questions liées à l'appartenance sociale ou encore à l'image intellectuelle. Cet exemple montre bien l'importance de la volonté. En effet, cette jeune fille a compris qu'elle devait apprendre à vouloir *vivre pour elle et non pour une vie de substitution – en l'occurrence celle de sa mère. Parce qu'elle est devenue à nouveau propriétaire de son image grâce à un effort volontaire, parce qu'elle a compris qu'il était dans son intérêt de renoncer à cette vie qui la torturait, elle sera désormais capable de reprendre sa vie en main. Ce travail effectué, pourquoi voudrait-elle continuer à vivre comme avant ? Pourquoi sa* volonté *la conduirait-elle dans la mauvaise direction ?*

D'une façon plus générale, en ce qui concerne les souffrances causées par les questions relatives à l'image de soi, il s'agit, par la volonté, de faire l'effort de se rapprocher au plus près de soi-même et ne pas laisser les autres agir à notre place.

Dans ce genre de situation, le travail que doit effectuer le thérapeute n'est pas tant de déterminer l'origine du symptôme, que de comprendre pourquoi les intérêts de vie positifs ne prennent pas le dessus sur les intérêts morbides, en clair, pourquoi la souffrance devient alors le choix du patient. Pourquoi certains infligent-ils une telle torture à leur propre corps comme pour se punir de quelque chose ? Il faut remonter à la cause de leur choix : de quoi se punissent-ils ?

Ajoutons à cela que, dans cette addiction morbide, il y a une forme de satisfaction émotionnelle sur laquelle la raison n'a quasiment aucune prise. Il y a une jouissance réelle du corps dans la souffrance, une jouissance pulsionnelle face à laquelle toute rationalisation est vaine. Pour sortir de cette douleur, il faut que le patient lui-même reconnaisse que cette jouissance n'est qu'un effet illusoire de la souffrance.

Ensuite, l'amener à saisir que la souffrance qu'il décide de s'infliger n'est qu'une punition. Enfin, déterminer le point crucial sur lequel porte sa culpabilité. Et il n'est pas rare que la culpabilité soit une « honte d'exister ». En effet, il arrive qu'un sujet porte la culpabilité de sa naissance. Ce fardeau légué par la famille est littéralement *une croix* : on ne choisit pas de venir au monde mais on ne peut renoncer à vivre. On continue à exister, malgré tout, envers et contre tous, même si le sens de la vie est littéralement absent. On vit sans vie, errant de vacuité en vide existentiel, au point d'être parfois tenté par des persécutions morbides. On est alors coincé et notre vie devient une prison inextricable : comment continuer à vivre, alors même que ceux à qui l'on doit la vie regrettent leur don ? Cette prison d'existence a pour conséquence cette angoisse étouffante qui se manifeste par : je mange pour survivre et je vomis pour me laisser mourir. Toute rationalité est alors impossible. Seule une prise de conscience soutenue par l'effort de la volonté peut remédier à une telle destruction. Il faut ramener peu à peu le patient vers des intérêts de vie et l'éloigner de ses tentations morbides et destructrices. Il faut donc qu'il se réapproprie son identité et qu'il donne un sens qui soit propre à son existence, un sens indépendant des souffrances qu'il porte.

Mais comment parvenir à affirmer sa propre image dans la société ? Comment parvenir à s'imposer devant les autres ? Comment rompre avec l'image que nous donnent nos parents ? En adoptant deux attitudes : premièrement, en apprivoisant son image, c'est-à-dire en apprenant à bien se connaître, et deuxièmement, en parvenant à contrôler son image de façon à l'imposer.

Pour éviter d'être soumis au regard inquisiteur de l'autre, il faut se couvrir d'une armure : celle de la confiance en soi. Pour atteindre un réel degré de plénitude et de sérénité intérieure, il faut être « convaincu de soi ». Être « convaincu de soi » signifie être certain de l'être que l'on est, de la personne intérieure et extérieure, de l'image tout autant que du discours ; au point que tout autre jugement ne saurait faillir à une telle certitude. Cette confiance en soi doit être totale, sans quoi, à la moindre critique, on se remet en question et on perd tout repère et toute identité. Cette assurance peut également nous conduire au succès : lorsqu'on agit avec la conviction nécessaire, avec la certitude de la réussite, il est rare qu'on échoue. Et quand bien même on échouerait, on n'aurait rien à regretter.

Un certain nombre d'attitudes sont nécessaires pour se persuader de qui on est vraiment. Il s'agit d'abord d'apprivoiser ce qu'il y a de moins immédiatement accessible à soi mais de plus apparent aussi : son image. L'image est à la fois insaisissable, fuyante, car elle change tout le temps, au gré de nos humeurs ; mais elle est aussi évidente, car elle est la première chose que les autres appréhendent de nous. Or, pour apprivoiser son image, il faut déjà être capable de se regarder en face, au sens propre comme au sens figuré. Ce qui signifie que l'on doit parvenir, peu à peu, à s'accepter tel que l'on est, en admettant que la perfection n'est pas de ce monde. Puisque l'on doit passer une vie avec son corps, autant l'accepter de fait. Toutefois, bien souvent, la souffrance générée par le fait d'être « mal dans sa peau » vient moins d'un physique réellement désagréable que de l'idée erronée que l'on se fait de soi-même. Se réapproprier son image signifie donc parvenir à retrouver un juste milieu entre ce que l'on représente et ce que l'on *imagine* être soi.

La seconde attitude va être d'apprendre à se dire à l'autre et à écouter ce qu'il me signifie. La reconnaissance de soi passe aussi par un décodage du discours. Après être parvenu à une maîtrise de l'extérieur, il s'agira de se persuader de son intérieur en se réappropriant soi-même par le langage.

Maîtriser son image

a. Le corps

La connaissance de son corps s'acquiert avec le temps, et au fil des années on comprend comment fonctionne cette machine autonome et déroutante. Pour beaucoup, le corps est un réel mystère. La médecine ne cesse de nous enseigner ses propres limites à soigner ce qui n'est pas simplement une matière animée. Le corps a sa dynamique, sa propre vie, son propre devenir. Dans son célèbre ouvrage *Le moi-peau*, le psychanalyste de renom Didier Anzieu précise qu'« il existe une communication précoce de peau à peau, la peau est le premier organe de l'échange signifiant[1] ». Le corps a son langage propre qui s'adresse aussi bien à soi-même qu'aux autres. Il s'avère primordial de le décoder. La connaissance de soi passe d'abord par cet apprivoisement du corps.

Toutefois, il ne suffit pas de bien se connaître pour bien vivre avec soi. Il faut aussi arriver à s'accepter puis à s'aimer. S'accepter signifie que l'image psychique

1. Didier Anzieu, *Le moi-peau*, Dunod, Paris, 1995, p. 177.

que l'on a de son corps doit entrer en **coïncidence** avec l'image que l'on voit dans le miroir. Bien souvent, des efforts doivent être faits en ce sens. Le problème des personnes qui souffrent de troubles alimentaires vient du fait que l'image psychique qu'elles ont de leur corps est très différente de ce qu'elles appréhendent dans le regard de l'autre ou devant un miroir. Prenons l'exemple des anorexiques qui sont obsédés par un corps trouvé *toujours* trop « gros », alors qu'en réalité, il s'agit d'un corps trop « maigre ». Autrement dit, il y a un déséquilibre entre la réalité et l'image de soi. Et plus le déséquilibre – l'écart entre les deux perceptions – est grand, plus la souffrance est profonde. De telles pathologies ont généralement des causes affectives très profondes. Comme on l'a vu, l'image de soi est avant tout une question d'amour, et lorsqu'on se perd physiquement dans le miroir, ce que l'on veut retrouver, c'est l'amour de l'autre, en même temps que l'amour de soi. Cette quête est vaine tout autant qu'insatiable, comme la nourriture avalée par les boulimiques ou vomie par les anorexiques. Cette dynamique peut rapidement devenir morbide quand elle se transforme en une source de jouissance corporelle. Le ventre devient le lieu même de la jouissance, et on s'amuse à le remplir et le vider au gré de pulsions devenues rapidement incontrôlables. Il ne faut cependant jamais oublier que ces pulsions sont autant d'appels à l'amour de l'autre ; amour de l'autre qui est nécessaire pour retrouver l'amour de soi. L'attitude d'un anorexique ou d'un boulimique est le cri étouffé d'un mécanisme de destruction qui est lentement en marche. Mais c'est aussi un formidable élan d'espoir. C'est le sursaut de vie avant le dernier souffle. Dans la destruction est ainsi contenue la solution qui permet d'enrayer la machine. Il suffit que la personne à qui s'adressent ces appels les perçoive et y réponde de la bonne manière. De quelle manière la volothérapie peut-elle parvenir à bout d'une pathologie aussi violente ?

La volothérapie a pour méthode de démêler les faits psychiques et d'en trouver les causes. Dans le psychisme, plusieurs facteurs entrent en considération : la perception du monde, la manière dont un sujet interprète pour lui-même les événements de sa vie ; la manière dont les autres vont le percevoir, etc.[1]. Les addictions alimentaires rassemblent ces considérations. La volothérapie doit donc démêler les différents conflits internes et externes. Une fois que le champ se trouve dégagé, le patient verra alors plus clair sur les véritables motivations de ses actes. Ayant dans un premier temps compris pourquoi il commettait de telles actions, et dans un second temps, ce qui pousse à persévérer dans ce comportement morbide, il devra alors faire le choix de continuer ou pas.

Une fois que l'on comprend ce qui nous pousse réellement à agir, se présente un choix simple mais déterminant : continuer ou arrêter. Si nous prenons conscience pour nous-mêmes que notre comportement nous est néfaste, nous ne pourrons continuer sans être

1. À cela s'ajoute l'ensemble du mécanisme psychique du sujet (moi-surmoi et ça/conscience-inconscient-préconscient, etc.) découvert par Freud, mais aussi la manière dont il va gérer son besoin d'amour. Je prends le parti ici de me distinguer de l'interprétation pulsionnelle et libidinale de Freud, pour clairement parler de « besoin d'amour » au sens le plus large possible : sexuel, amical, spirituel, fraternel, etc.

en contradiction avec nous-mêmes. La volothérapie va donc permettre d'une part cette prise de conscience et d'autre part d'être capable de faire ce choix. Et quand bien même le patient évoquerait l'importance d'un acte « pulsionnel » qui de fait est difficilement contrôlable, j'insiste sur la puissance infinie de la volonté qui donne justement la force de dépasser un élan pulsionnel. C'est bien pour cela qu'une thérapeutique de la volonté est aussi efficace.

b. Langage et esprit

Le second rapport à soi, outre l'image et la représentation que l'on a de soi-même, est la connaissance de l'intériorité : le caractère, la personnalité, les rêves, les peurs, etc. Et ce qui permet de prendre profondément conscience de soi et d'avoir la conviction de soi-même, c'est la capacité à acquérir le **bon ton du discours**. Le bon ton du discours est le langage qui coïncide le mieux avec soi-même : loin des effets de sophistications pour impressionner les gens, loin de l'adoption d'un accent qui n'est pas le nôtre pour se faire accepter, loin de prendre un ton hautain pour montrer à son directeur que l'on est capable de réussir la dernière mission qu'il vient de nous confier, loin d'employer le langage de la séduction pour se faire aimer, le bon ton du discours est un discours adapté à soi, un discours qui sonne juste aux oreilles des autres et qui, de fait, nous rend crédible pour l'ensemble de la société. Le langage est ce qui qualifie l'homme. Plus qu'un simple moyen de communication, il est avant tout ce qui nous donne une réalité sociale et ce qui nous assure de notre propre existence. La maîtrise du langage en société montre combien on peut être sûr de soi au point de parvenir à convaincre l'autre de qui l'on est[1].

Toutefois, le langage humain, bien qu'il ne se limite pas à des sons, n'est pas toujours rationnel pour autant. Et c'est justement quand le langage bascule du socle de sa raison qu'il devient pathologique ou qu'il manifeste une pathologie. Les exemples qui illustrent de telles situations ne manquent pas.

Dans notre société où l'image est elle-même devenue un mode de communication implicite, les mots ont perdu de leur valeur et de leur importance. Ils semblent littéralement *dépassés*. Il existe même des situations extrêmes où il semble que les mots sont impuissants à traduire ce que l'on ressent. Nous avons tous vécu une situation d'une intensité émotionnelle telle que nous n'avions pas d'autre envie que de ne plus parler du tout ou de hurler très fort. Il ne s'agit pas de mot, et pourtant, nous sommes toujours dans le registre de la communication. Ce mutisme, ce silence ou ce cri sont un langage, et plus précisément, le langage de la souffrance. Or, grâce à la volonté, nous pouvons apprendre à contrôler ce débordement émotionnel pour le rendre compréhensible aux autres et surtout pour s'en libérer. Prenons l'exemple d'une personne qui a appris à troquer ses mots contre ses poings, tant sa souffrance intérieure ne trouvait pas de parole pour s'exprimer.

1. Lacan définit le sujet comme un « parlêtre » afin de démontrer de quelle manière le langage peut être cause symptomatique. Toute thérapie est avant tout thérapeutique du langage. Aussi, il est très important de comprendre ce qu'implique tout langage. Aristote distingue le simple *phone* du *logos*, c'est-à-dire qu'il oppose ce qui n'est que son – comme ce qu'émettent les animaux – et ce qui relève du discours rationnel – comme chez l'homme.

Exemple n° 2 :
le violent ; troquer des poings contre des mots

Il y a quantité de langages : le langage des signes, le langage de l'art, le langage des regards et le langage du corps. La violence est l'un de ces langages.

J'étais dans une grande surface, lorsqu'une scène qui semble banale m'a frappée. Une femme accompagnée de son fils – je suppose – faisait, elle aussi, ses courses et poussait son Caddie. Elle grondait son fils qui faisait un caprice : il voulait des gâteaux au chocolat, et elle s'évertuait à les lui refuser. Toute personne ayant des enfants a connu ce genre de situation. Mais la scène ne s'est pas limitée à une simple réprimande de la part de la mère. Le garçon, âgé de sept ou huit ans, s'est alors mis à hurler, puis il s'est levé et il a tapé dans tout ce qu'il trouvait. Le rayon des biscuits au chocolat a été dévasté en quelques minutes sous le regard hagard des spectateurs impuissants. Devant la furie du jeune garçon, je ne pouvais rester impuissante. La mère tentait de le calmer, en vain. Le caprice avait déclenché une colère d'une rare violence. Avait-on affaire à un garçon caractériel ? Je ne le pensais pas. J'avais remarqué qu'en réaction immédiate aux propos de sa mère, il avait mis tout de suite ses poings en avant, comme une arme ou une armure. Face aux supplications de la mère qui demandait à son fils de se taire, et devant l'absence d'accalmie, je m'approchai du jeune garçon, assis par terre avec un paquet de gâteaux dans les mains. De toute évidence, ces cris et ces poings tendus étaient l'expression d'une souffrance ; le caprice n'était qu'un prétexte. Je me suis accroupie et je lui ai tendu une main. Une main étrangère. Malgré ses cris et contre ses larmes, j'ai cherché à fixer son attention, à capter son regard. Et je lui ai demandé pourquoi il pleurait, puisqu'il avait le paquet de gâteaux dans les mains. Il fut littéralement surpris que quelqu'un qu'il ne connaissait pas s'intéresse à lui : c'était justement ce qu'il cherchait. Il fut encore davantage surpris par ma question. Pour me répondre, il fallait bien qu'il parvienne à trouver des mots : il ne pouvait pas me taper car j'étais extérieure à son monde, j'étais *étrangère* à sa souffrance, comme à sa violence. Il se calma un bref instant et me regarda d'un air ahuri. Pas de réponse. C'est alors que sa mère s'approcha et lui exprima son contentement de le voir se calmer. Aussitôt les cris et les larmes reprirent. À nouveau le jeune garçon s'évada dans une violence et une rage impressionnantes. Il fallait que cela cesse. Je m'approchai du jeune garçon et le relevai. Je le mis debout et, d'une voix ferme, je l'encourageai à parler, à dire un mot afin de briser le silence intérieur qui l'incitait à taper et à hurler, plutôt qu'à communiquer. Je ne reçus pas de réponse, ce qui paraît logique : n'étant point son interlocutrice, ce n'était pas à moi que ces poings étaient adressés. Je me dirigeai alors vers la mère qui commençait à paniquer. Je lui fis part de ma profession et lui conseillai d'aller vers son enfant et de le prendre dans ses bras jusqu'à ce que les cris cessent. C'est ce qu'elle fit et aussitôt le silence revint. Peu à peu le jeune garçon se calma. Il en avait oublié le paquet de gâteaux.

Cet exemple très marquant représente clairement ce qui se passe dans certains cas de violence. À juste titre, la violence est généralement assimilée à une pulsion. Mais elle n'entraîne pas toujours des comportements pulsionnels. En effet, elle peut être l'expression d'un langage masqué – qui fait office d'armure pour le sujet ; ou alors devenir une arme consciente que l'on retourne vers l'autre pour lui signifier ce qu'on ne pourrait dire autrement. Dans le cas du jeune garçon, la violence était à la fois une arme contre sa mère et une armure pour lui-même : en agissant de la sorte, il protégeait de ses poings un espace qu'il venait de créer. Et il est vrai que, malgré sa petite corpulence et son jeune âge, peu de personnes s'étaient approchées de lui pour pénétrer son espace et le calmer. Pas même sa mère.

Quand un enfant agit avec violence, ce n'est jamais anodin et il faut d'abord comprendre qu'il émet des signes à ses proches pour qu'on l'aide. Poussé à son paroxysme, un tel comportement a été codifié par les psychiatres comme l'autisme. L'autisme est à la fois l'expression du mutisme et d'un langage spécifique à décrypter. Ce jeune garçon, par ses cris et ses poings, délivrait un message à sa mère, un message indicible. Ce message ne pouvait être dit simplement avec des mots, car d'une part, il n'était pas totalement conscient et maîtrisé par le sujet, et d'autre part, il n'était pas uniquement rationnel mais davantage émotionnel et affectif. Le paquet de gâteaux était un prétexte – un « objet signifiant », c'est-à-dire qui a du sens – sur lequel était venue se greffer la souffrance du jeune garçon. Je ne connaissais pas l'histoire ni la nature de la relation de cette femme et de son fils, mais je pouvais affirmer que ce jeune garçon était **prisonnier du dire**. Pour lui, le langage n'était pas un moyen mais une fin qu'il ne parvenait pas à atteindre. Les mots ne semblaient pas pouvoir contenir tout ce qu'il avait à exprimer. Et comme un petit chat en cage, il hurlait, se débattait pour se libérer des limites du langage, étouffé par les mots. Il est très important d'avoir conscience du pouvoir des mots : comme ils peuvent être le lieu de la rencontre et de la communication, ils peuvent aussi bien être le lieu de la pathologie.

La volothérapie permet de mettre l'accent sur le dire et sur l'agir de manière à mieux vivre avec soi-même et avec les autres. À la différence des autres thérapies, pour la volothérapie, le dire est un échange entre le soignant et le soigné qui permet à celui-ci de descendre en profondeur jusqu'à atteindre ses propres raisons de vivre, ses propres objectifs : ses intérêts à vivre. Une fois découverts et révélés clairement, ces « intérêts de vie » seront assez authentiques et vitaux pour motiver la volonté à agir. L'action devient de fait la thérapie elle-même. C'est en agissant et en réagissant que la vie peut changer. En ce sens, dire et agir sont les maîtres mots de la volothérapie.

Je n'ai pas revu cette femme et son fils, mais il y a fort à parier que leur relation s'est dégradée. Cette femme ne comprenait pas le langage de son fils et ce dernier n'avait d'autre choix que la violence pour se faire entendre. Cette scène banale peut se présenter à tout moment de l'existence : qui n'a pas ressenti une montée de violence dans des transports en commun bondés ? Qui n'a pas eu une pulsion de violence dans une file d'attente où le temps semble s'être arrêté ? En voiture, jusqu'où sommes-nous capables de garder le contrôle de notre langage et de nos pulsions de violence ? Là où la violence devient pathologique et qu'il faut consulter un spécialiste, c'est quand il y a passage à l'acte, c'est-à-dire lorsque les mots se transforment en poings ; quand l'agir a remplacé le dire et qu'il n'y a plus aucun sens à l'action.

À tout moment, nous pouvons changer la situation dans laquelle nous nous trouvons. Parce que la volothérapie part du principe que nous sommes en grande partie responsables de notre situation[1]. Ce qui implique que nous sommes largement responsables de notre propre souffrance, mais également que, si nous le souhaitons vraiment, nous pouvons être les acteurs de notre guérison. L'exemple précédent nous a montré que le jeune garçon est parvenu à reprendre son calme. Il est arrivé à trouver en lui-même une force insoupçonnée qui lui a permis de changer la situation dans laquelle il se trouvait. En s'appuyant sur la force de la volonté, la méthode de la volothérapie suscite un espoir réaliste dans la mesure où elle repose sur la capacité qu'a l'homme de choisir sa vie à tout moment et de se souvenir que sa vie n'est que la somme des choix qu'il aura faits. Trop souvent on a l'impression qu'on *est agi* plutôt qu'on *agit*, comme ce qui se passe avec la violence. La mère a tendu la main qu'il atten-

1. Le philosophe Sartre disait déjà dans *L'Être et le Néant* que « nous sommes responsables de tout, sauf de notre responsabilité même, car nous ne sommes pas le fondement de notre être. (…) Nous sommes condamnés à être intégralement responsables de nous-mêmes » (Gallimard, Paris, 1943, p. 600-601). Ce qui signifie que nous n'avons pas le choix et nous ne pouvons échapper à notre responsabilité. Dans le même sens, on peut aussi consulter l'ouvrage d'Hannah Arendt, *Responsabilité et jugement*, dans lequel la philosophe s'interroge sur l'origine et la fin de l'action : « Et pourtant, dit-elle, sans la volonté, comment pourrais-je jamais être poussé à agir ? » (Payot, Paris, 2005, p. 24.) C'est par notre volonté que nous devenons responsables de nos actions.

dait – elle a fait un **acte volontaire**, un **effort volontaire** vers son fils – qui a trouvé en lui la force de changer la situation. Nous sommes tous capables d'ouvrir des yeux objectifs sur notre existence, de devenir responsables de nos actes en faisant des choix et en apprenant à les assumer. Ces méthodes sont simples, il suffit, encore une fois, de faire un effort vers elles. Mais, contrairement aux apparences, le dire et l'agir sont des dynamiques parfois difficiles à mettre en place. L'exemple précédent montre combien l'agir, quand il se passe du dire, peut être l'expression d'une grande souffrance. Très souvent on passe à l'acte sans avoir pris le temps de savoir s'il s'agissait vraiment de ce que l'on voulait. S'ensuivent alors regrets, déception et même culpabilité. Pour éviter cela, il faut revenir à ce qu'il y a de plus *essentiel* en soi, littéralement ce qui est *vital*, ce qui donne du sens à notre vie. Il ne faut donc pas renoncer à qui l'on est au fond de soi car, à terme, on oublie ce que l'on veut et on s'oublie soi-même. La frontière entre le normal et le pathologique est franchie sitôt qu'on ferme les yeux sur qui on est. La volothérapie ravive la mémoire de notre identité si profondément ancrée. Or, pour retrouver la mémoire, il faut faire un effort volontaire. La guérison est au prix de la volonté ; le bonheur aussi.

Se libérer du regard de l'autre

Pour exister pleinement et en étant totalement soi-même, il faut arriver à vivre sans le regard des autres. Comme je le disais, l'image de soi et l'image que l'on donne aux autres sont rarement parfaitement juxtaposées. L'autre apparaît comme le juge inévitable auquel on doit rendre des comptes : en effet, nous ne sommes pas seuls au monde et quoi que l'on fasse, on est amené à être confronté à autrui. Au point que l'on peut dire que l'autre est déterminant dans le rapport que l'on entretient avec soi-même. Que serait Robinson Crusoé sur son île sans Vendredi ? Vendredi existe-t-il vraiment ou est-il l'expression du besoin constitutif de l'autre ? Peu importe, Vendredi est dans la tête de Robinson qui ne saurait vivre sans lui. On a tous besoin de Vendredi pour nous rappeler à nous-mêmes que l'on vit ; pour se sentir exister. Toutefois, Vendredi est aussi celui qui peut nous détruire, nous faire souffrir, nous faire mal. Toute la question est donc de savoir comment parvenir à vivre avec et contre les autres tout en restant soi-même…

Pour répondre à cette question, la volothérapie permet d'entrer en coïncidence avec soi-même : elle nous propose de faire **l'effort pour persévérer dans notre être** puis de se détacher du regard de l'autre, en VOULANT EXISTER envers et contre tout et TOUS. Mais pour parvenir à s'affirmer soi-même avec la puissance infinie de la volonté, il faut au préalable parvenir à déterminer *ce que* l'on veut imposer aux autres. En clair, il s'agit de revendiquer sa vraie nature, comme en témoigne l'exemple suivant.

Exemple n° 3 :
l'homme aux papillons ;
être soi en toute circonstance

Je me souviens d'avoir reçu en consultation un homme extrêmement replié sur lui-même, très peu expansif et qui menait la vie d'un vieux garçon. Venir consulter un thérapeute ne lui était jamais venu à l'esprit et c'était seulement parce que je pratiquais une thérapie de la volonté qu'il avait poussé la porte de mon cabinet. Cet homme avait des revenus modestes et se contentait de peu. Il était employé des postes et son quotidien était réglé comme une horloge. Toutefois, il avait une passion : il collectionnait les papillons et tout ce qui s'y rapportait. Son petit deux-pièces était tapissé de papillons, les livres sur le sujet s'empilaient un peu partout et quasiment tous ses objets rappelaient son engouement pour les lépidoptères. Il m'avoua alors qu'il se sentait seul dans son monde ; il avait beau participer à des réunions entre passionnés et parfois à des manifestations en extérieur, il n'avait jamais rencontré de femme qui supporte sa passion. Il m'expliqua alors que chaque fois qu'il faisait la connaissance de quelqu'un, il se sentait obligé de masquer son hobby, jusqu'au moment où la personne, découvrant son vrai visage, fuyait, prise de panique. Sa vie devenait un masque permanent qui l'obligeait à se nier aux yeux des autres. Il finissait par avoir beaucoup de difficultés à vivre avec lui-même. Et il m'avoua souffrir plus encore de ne pas paraître tel qu'il était réellement, plutôt que de solitude. Il aurait aimé que ses collègues reconnaissent en lui l'incroyable spécialiste qu'il était et non seulement le terne agent technique qu'il paraissait. Je lui demandai alors de m'expliquer ce qui l'avait décidé à venir me consulter particulièrement. Il me répondit que la volothérapie lui paraissait une thérapeutique accessible à tous. Il lui semblait que son problème relevait d'une difficulté à s'affirmer tel qu'il était et que, pour cela, il devait apprendre à faire un bon usage de sa volonté. Je saluai là un acte véritable de bon sens : il avait frappé à la bonne porte. Restait à présent à mettre en pratique les principes de la volothérapie.

De toute évidence, son mal-être venait de sa difficulté à s'exprimer et à s'affirmer dans l'existence tel qu'il était. Entamer une volothérapie lui permettrait, sans hésitation, de trouver le bon chemin de vie ; celui qui lui correspondait. La thérapie de la volonté rendrait possible une affirmation de soi – tant dans la vie personnelle, que dans le domaine professionnel. Or, ce monsieur avait besoin de retrouver en lui la force nécessaire pour affronter le regard des autres ; mais surtout pour affronter son propre regard. Il est extrêmement difficile de s'aimer tel que l'on est, de s'accepter. La plupart du temps, on espère ressembler à une image sublimée de soi sans prendre soin de se regarder dans un miroir et de se dire : c'est MOI, c'est comme cela que je suis, et c'est ce moi que je présente à chaque instant aux regards des autres. En se connaissant et en acceptant ce que l'on voit de soi, on est mieux à même de se présenter aux autres, sans se dérober à soi. De fait, en s'acceptant, on puise la force nécessaire pour affronter le regard et le jugement des autres. En cabinet, ce monsieur a effectué un bilan où le thérapeute a joué le rôle d'un miroir entre lui et lui-même. Cette thérapie du soi permet dans un premier temps de prendre conscience de soi et dans un second temps d'arriver à s'accepter dans le réel et non pas à travers l'image fantasmée de soi. Après ce bilan, j'ai proposé à ce monsieur de faire davantage connaissance avec ses collègues de travail ; puis de leur parler ouvertement de sa passion. Bien évidemment, je le mis en garde sur les risques qu'il allait courir et sur les moqueries auxquelles il allait devoir faire face. Mais je lui affirmai aussi que, s'il défendait réellement une passion, il trouverait toujours les arguments adéquats pour y répondre.

Une semaine après, ce patient est revenu me parler de l'expérience qu'il venait de vivre : un petit nombre de personnes avec lesquelles il travaillait tous les jours avaient commencé à s'intéresser à lui et avaient trouvé sa passion aussi étrange qu'intéressante. Et la curiosité l'ayant emporté, elles l'avaient convié à participer à une soirée entre collègues. Il dut effectivement affronter quelques moqueries, mais qui cessèrent très vite. Il avait su trouver les mots qu'il fallait pour défendre sa passion, pour défendre son nom. Ces mots étaient ceux de son cœur, et il ne restait plus aux autres qu'à l'accepter tel qu'il était. La volothérapie fut très brève et ne dura que quelques séances. J'appris par la suite que, lors d'une soirée, cet homme avait rencontré une femme qui travaillait pour une revue spécialisée sur les insectes rares et plus précisément sur les papillons d'Amérique latine.

C'est parce que cet homme a pris le parti d'être lui-même quoi qu'il advienne qu'il est parvenu à trouver un équilibre intérieur et un équilibre de vie. La volothérapie lui a permis de persévérer dans son être. Cette persévérance qui exprime l'acte même de la volonté est payante en retour. Dès lors qu'on souffre de difficultés relationnelles, la volonté d'être ferme et soi-même devant les autres est une attitude qui peut être éprouvante, mais qui demeure toujours payante. En effet, c'est en restant soi-même qu'on gagne notre liberté et qu'on peut affirmer notre bonheur individuel.

Mais être soi dans la société est un luxe difficile à appliquer, car bien souvent pour survivre en milieu professionnel, familial, etc., il faut renoncer à une partie de soi pour entrer dans le jeu des représentations, beaucoup plus rentable. Dans ce « jeu de dupes », dans ce monde masqué, on finit par oublier qui l'on est. Or ce que la volothérapie propose est précisément de plonger au cœur de soi, pour retrouver ses véritables intérêts à vivre et les affirmer, les défendre en toute circonstance.

Toutefois, le rapport à soi ne se limite pas à une question d'image et quand, parfois, on a l'impression qu'un vide béant prend corps à l'intérieur de soi, bien des techniques s'avèrent impuissantes à calmer une telle douleur. Le **vide existentiel,** comme nous avons pu l'évoquer précédemment, est un symptôme contre lequel lutte la volothérapie. Dans pareil cas, il faut dans un premier temps apprendre à bien se connaître et ensuite découvrir en soi la force d'être et de paraître soi-même. Certes, le chemin est difficile dans la mesure où les autres sont un obstacle constant, mais parvenir à son terme apportera le bien-être et la paix intérieure nécessaires à tout bonheur.

Contre le vide intérieur

À l'opposé d'un monde où les autres sont trop envahissants et apparaissent comme des obstacles à la réalisation de nos désirs, on constate aussi combien la solitude est un mal qui touche de plus en plus de personnes. Il ne s'agit pas encore ici d'explorer la solitude affective mais plutôt cette autre espèce de solitude que l'on ressent intérieurement comme un « manque originel ». Manque de quoi ? De qui ? Peu importe. On finit toujours par se sentir seul avec soi-même. Prisonniers de nos exigences de réalisation sociale et personnelle, on en vient à cloisonner notre vie pour finir totalement et désespérément seul devant les choix que l'on doit accomplir. En ce sens, on pourrait dire que la solitude est le mal du siècle. Et il suffit de consulter les statistiques pour s'apercevoir que plus de trois cents divorces sont prononcés chaque jour en France (une famille sur deux en Ile-de-France et une famille sur trois dans le reste de la France). La solitude se trouve à tous les étages de la société : dans les familles qui se déchirent et renvoient chacun face à lui-même ; chez les jeunes qui rêvent « d'amour-toujours » et qui, élevés à coups de Cendrillon, de Barbie et de Princes charmants ou d'accouplements devant des vidéos pornographiques, en ont oublié ce qu'aimer veut dire ; ou encore chez les cadres supérieurs qui n'ont plus même le temps de rencontrer l'âme sœur et qui passent désespérément leurs heures de loisirs à « chater » devant le virtuel d'une image idéale, fantasmée en digérant un plat mal réchauffé. Les cas de solitude – car il s'agit bien de cas et la solitude est bien un symptôme – sont infinis et peuvent revêtir autant de visages particuliers que de souffrances profondes.

Comme tout praticien, avant de s'attaquer au mal, il convient d'établir un diagnostic. Et le constat est lourd. Notre société ne souffre plus simplement de névroses, de phobies, de stress, d'angoisse ou encore de dépressions, mais de mélancolie, de la peur d'abandon, de rejet, de l'incapacité à faire un choix et à l'affirmer, de la frustration à assumer son propre corps ou encore de l'angoisse à affronter l'Autre. Notre monde contemporain a mal, il souffre en silence et n'ose manifester sa douleur d'exister. Mais comment traiter la solitude intérieure ? Quelles sont les réponses apportées par la volothérapie ?

Depuis quelques années, je reçois dans mon cabinet de nombreuses personnes qui me consultent pour une incapacité à dénouer une situation, pour une difficulté à entamer un dialogue ou bien pour des accès de déprime chronique le dimanche après-midi. Devant de tels cas, Freud ou Lacan auraient proposé de s'interroger sur les sources inconscientes du symptôme. En ce qui me concerne, je ne remonte jamais aussi loin. Et j'estime que l'origine du mal, tout comme le diagnostic, est beaucoup plus simple : il s'agit simplement d'une incapacité à savoir vivre. Certes, les causes de la souffrance peuvent être beaucoup plus profondes, mais l'important est de constater qu'on a des difficultés à vivre avec et ce de manière consciente. Encore une fois, ce que je traite, ce ne sont pas directement les causes inconscientes du mal, mais plutôt les raisons conscientes pour lesquelles on a renoncé à lutter contre. Or, si la volonté abandonne toute réaction, c'est que la souffrance a eu raison de la volonté. Dans ce cas, il suffit de trouver une raison de vivre plus forte que la souffrance qui nous empêche de vivre. C'est pourquoi l'acte du thérapeute doit consister à permettre au patient de retrouver son chemin de vie, ses propres **intérêts de vie.** Chacun a une manière différente de définir son bonheur à travers des orientations et des objectifs qui lui sont propres. Mais nous ne sommes pas tous capables de trouver la voie qui nous permettra de l'atteindre. Ainsi, pouvoir faire un choix qui bien souvent engagera une partie de notre vie devient de plus en plus difficile, ce qui peut générer un état anxieux et angoissé, avec des troubles du sommeil et du comportement ; ou encore, quand l'image de soi devient insoutenable devant le miroir au point d'en éprouver des idées suicidaires et d'avoir l'impression d'être à bout ; ou alors, quand on s'imagine que personne ne nous écoute jamais, que nous ne parvenons pas à nous faire comprendre au point d'en devenir misanthrope et de souffrir de solitude morbide. Pourtant, dans une grande majorité des cas, ce qui semble insurmontable aux personnes en souffrance est dépassé en quelques mots qui vont leur permettre de découvrir où se trouve leur véritable chemin. En dénouant le conflit interne qui les paralyse, elles se trouvent soulagées de façon durable.

Néanmoins, le problème dont souffrent ces personnes n'est pas tant la solitude que la vacuité. En effet, elles ont décidé de se dessaisir de leur propre existence, convaincues de ne pas vivre pour elles-mêmes, mais pour l'autre ; que l'autre a pouvoir de joie, de plaisir, de tristesse ou encore d'abandon sur elles. Elles ont cédé leur volonté d'action et l'ont remise aux mains de l'autre. Ce qui implique qu'elles n'agissent plus par elles-mêmes, mais comme des marionnettes. Et leur sourire finit par dépendre d'un regard extérieur.

À la vacuité se sont ajoutés le vide et l'angoisse existentielle. Ces personnes sont dans l'ignorance d'elles-mêmes et doivent être mise face à leur existence, retrouver un chemin qui pourra accroître leurs intérêts de vie. Pour guérir, elles doivent être capables de se réapproprier leurs désirs et de faire le choix d'exister par et pour elles-mêmes. Ce qui paraît évident n'est pourtant pas une chose facile. Nul n'est plus aveugle que celui qui ne veut pas voir. Là encore, la volothérapie permet d'ouvrir les yeux sur soi-même, d'éveiller l'envie volontaire. Une fois que l'on a compris que le monde n'est qu'un champ de possibles dont nous sommes l'ultime souverain, ce qui hier apparaissait comme un monde de désolation et de solitude devient le théâtre de toutes les réalisations. La solitude n'est pas une fatalité. Il appartient à chacun de nous de se soigner et de guérir ; à condition évidemment d'accepter de reconnaître qu'on en souffre et qu'on en est malade.

Que se passe-t-il lorsqu'on est atteint d'angoisse liée à un excès de solitude ? La première attitude consiste à cesser d'agir en victime en se disant « je suis puni(e) par la vie » ou encore « qu'ai-je fait pour être abandonné(e) ainsi ? » et plus fréquemment « pourquoi on ne m'aime pas ? ». La volonté doit réagir. Nous ne sommes pas victimes, nous sommes seulement atteints de vacuité. Pour motiver la volonté, il faut comprendre qu'il n'est pas dans notre intérêt de se laisser aller à cette torpeur. Il faut alors trouver des intérêts à vivre qui ne reposent pas sur l'autre ou les autres, mais qui nous appartiennent réellement. Une fois ces intérêts mis au jour, il ne reste plus qu'à les mettre en application grâce à la volonté – qui alors aura à nouveau un intérêt à agir.

L'exemple qui suit montre précisément comment on peut se laisser aller après une rupture sentimentale, en se positionnant en victime et comment, par la volonté, il est possible de réagir.

Exemple n° 4 : surmonter un chagrin d'amour et bien vivre sa solitude

La rupture amoureuse est un moment particulièrement difficile de l'existence. Que l'on soit quitté ou que l'on décide de quitter, la rupture est une période douloureusement vécue des deux côtés. Je reçois fréquemment en cabinet des personnes qui ont besoin d'un soutien psychologique pour affronter cette épreuve. Dans ce cas, rien ne vaut une cure thérapeutique par la volonté. La volonté parvient très facilement à dépasser une rupture sentimentale. Je me souviens de m'être occupée d'un cas particulièrement explicite à ce sujet. Il s'agissait d'une femme, mère de deux enfants, qui du jour au lendemain s'était vue abandonnée par son mari. Après plus de quinze ans de vie commune, son mari avait décidé de quitter le domicile familial. Il avait fait ses valises et ne s'était pas retourné après avoir claqué la porte.

Cette femme a survécu dans le chaos et la solitude pendant six mois et, un matin, elle a craqué. Après avoir accompagné ses enfants à l'école comme chaque matin, elle s'est arrêtée avant de s'effondrer. Elle a passé cinq jours couchée et sa propre mère est venue la relayer dans son rôle maternel. C'est cette dernière qui m'a contactée pour me supplier de venir voir sa fille. Habituellement, je consulte dans mon cabinet, mais je peux faire des exceptions quand le cas s'y prête. Je me suis donc rendue au chevet de cette patiente. Cette femme souffrait de vide profond. Un vide si intense qu'il l'avait clouée au lit, incapable de lever une jambe, incapable de se soulever. Cette femme était aspirée par le vide. Et ce vide avait un nom : abandon. Le vide aliénait si fortement le rôle de la volonté que, de fait, elle était devenue incapable de lutter contre sa propre souffrance. Il ne restait plus qu'à l'aider à retrouver la puissance de sa volonté pour lui permettre d'aller mieux. Mais, pour ce faire, il fallait retrouver l'origine du vide : d'où venait-il ? Et de quelle manière l'abandon était-il vécu en profondeur ?

Malgré la fatigue et la lassitude, la patiente m'avoua qu'elle avait le sentiment d'être trahie par son mari qui avait quitté sa famille pour vivre une histoire d'amour avec une autre femme plus jeune. Au début, elle ne s'était pas rendu compte que l'annonce de cette rupture allait être un tel choc. Puis les jours avaient passé et elle avait compris qu'il ne reviendrait réellement pas. L'espoir avait peu à peu fait place à l'habitude de vivre sans lui. Et puis un matin, elle avait réalisé que sa vie ne serait plus jamais comme avant, qu'il faudrait entamer des procédures de divorce et peut-être vendre leur maison, achetée à deux. Elle avait aussi compris qu'il l'avait abandonnée, *elle*, avec qui il avait partagé ses rêves et ses désirs, *elle*, avec qui il avait appris à lutter contre les difficultés de la vie, *elle*, qu'il quittait désormais pour vivre un autre amour, pour vivre sans *elle*. Et c'est précisément à cet instant qu'elle avoua avoir perdu la force de marcher, de continuer, de vivre. En fait, son aveu était celui de l'incompréhension, de la perte de sens. Elle subissait un choix de vie qui bouleversait son existence et dont elle n'était pas l'auteur. Et cela elle ne le comprenait pas. Pourquoi avait-il choisi une autre femme ? Pourquoi ne l'aimait-il plus au point de la quitter définitivement ? Ces questions restaient sans réponse. Muette, transie, elle s'était repliée sur elle-même, mangée par le vide et murée dans l'incompréhension. De toute évidence, sa volonté l'avait désertée. Il fallait parvenir à susciter en elle la réaction qui lui donnerait la force de se battre et de retrouver le goût à la vie. La volothérapie allait la sortir de cet état catatonique.

L'état léthargique de cette femme aurait pu laisser penser à une dépression pour laquelle il aurait fallu consulter un psychiatre. Mais je me refusais, dans son cas, à lui conseiller un traitement médicamenteux. Je pense que dans bien trop de cas les psychiatres prescrivent des médicaments qui étouffent la personne bien plus qu'ils ne la délivrent. Et bien souvent, une véritable « rencontre humaine » entre le soigné et le soignant lors d'une cure thérapeutique peut être bien plus efficace. La vie de cette femme n'était pas en danger : elle continuait à s'alimenter – peu, certes, mais du minimum vital ; de plus, aucun signe n'aurait pu laisser croire à un passage à l'acte suicidaire. Je me trouvais donc à son chevet et un dialogue s'engagea entre nous. Je pris la parole la première :

« Bonjour, madame, je suis volothérapeute et j'ai été appelée par votre mère. J'aide des personnes qui souffrent d'un profond mal-être et qui ont perdu le sens de leurs actions. Depuis combien de temps êtes-vous dans cet état ?

— Je ne me rappelle plus bien, tant je suis fatiguée.

— Avez-vous la force de me raconter pourquoi vous êtes dans cet état ?

— Je ne comprends pas.

— Qu'est-ce que vous ne comprenez pas ?

— Je ne comprends pas pourquoi il est parti.

— Qui ça, *il ?*

— Mon mari. Il est parti avec une autre femme.

— Vous savez, il est de plus en plus fréquent de voir des familles se séparer de nos jours. De nombreuses femmes sont quittées sans pour autant tomber dans l'état qui est le vôtre.

— Moi, je n'ai pas été quittée, j'ai été abandonnée ! répondit-elle avec force. »

J'étais ravie de voir que mes paroles brusques rencontraient une réaction. Aussitôt, je lui répondis :

« Quelle différence faites-vous entre “être quittée” et “être abandonnée” ?

— Il m'a abandonnée parce que je ne méritais pas qu'il s'occupe de moi.

— Pourquoi dites-vous ne pas mériter sa présence ? Et de fait son amour ?

— Parce que je n'ai pas été à la hauteur, je n'ai pas su le retenir. Je n'étais pas une bonne épouse, une bonne femme.

— Et qu'auriez-vous dû faire, selon vous, pour le retenir ?

— J'aurais dû être davantage à la maison, être plus attentive à son désir. »

Au fur et à mesure qu'elle m'exposait ses craintes et ses émotions, sa voix reprenait de la vigueur et son corps semblait réagir. Elle poursuivit :

« Vous comprenez, le soir, après une journée de travail, avec tous les soucis que nous avions, je n'avais pas trop envie de me transformer en femme fatale. Et puis les jours passaient… Je pensais qu'il comprenait.

— Alors, finalement, vous trouvez normal, ou logique, que votre mari soit parti avec une autre femme parce que, vous-même, vous ne satisfaisiez pas son désir ?

— Oui, je ne méritais pas qu'il reste. Au début, j'ai cru qu'il me punissait, et qu'il allait revenir. Et quand j'ai compris qu'il ne reviendrait plus, ça a été terrible. J'ai eu l'impression de tomber dans un trou sans fond.

— Et au moment où votre mari désirait faire l'amour, qu'en était-il de votre désir ?

— Eh bien, je vous l'ai dit, je n'en avais pas envie.

— Alors, votre désir était de vous refuser à lui.

— Oui.

— Aussi, pourquoi le désir de votre mari devrait primer sur le vôtre ? En fait, il semble que vous portez la culpabilité de l'échec de votre relation. Précisément, parce que vous n'acceptez pas d'assumer vos propres désirs.

— Mais si je lui avais donné ce qu'il voulait, il ne serait pas parti.

— Pouvez-vous le garantir ?

— Non, en fait…

— En revanche, vous pouvez vous affirmer dans vos désirs. Comprenez bien que c'est pour vos désirs que vous devez vous battre dans la vie et non pour ceux des autres. L'existence est une lutte acharnée de tous les instants. Commencez par admettre vos choix véritables, vos choix de vie ; puis luttez pour les faire admettre aux autres. Vous n'êtes en aucun cas responsable de la fuite de votre mari. Lui aussi a fait un choix, et il s'est battu – quitte à tout abandonner – pour affirmer son choix. Alors que vous vous êtes contentée de baisser les bras et de porter un fardeau inutile : celui de l'échec de votre relation.

— Vous avez raison. Mais que dois-je faire, à présent ?

— À partir d'aujourd'hui, vous allez entamer une volothérapie. Vous viendrez à mon cabinet de manière régulière et vous allez apprendre d'une part à reconnaître et à affirmer vos désirs de vie ; et d'autre part à vous débarrasser des responsabilités et des culpabilités qui ne sont pas les vôtres. Désormais, comprenez bien que votre mari est parti mais que vous n'avez pas été abandonnée ! »

Le premier rendez-vous était très concluant. Pour nos autres séances, je refusai de me déplacer chez elle, car précisément, elle devait faire l'**effort volontaire** de venir jusqu'à moi. Par la suite, je lui rappelai qu'elle avait des enfants et que ces derniers avaient besoin de leur mère. Je lui fis comprendre également qu'une femme ne se définit pas comme telle parce qu'elle cède à un homme, mais parce qu'elle est capable de s'affirmer aux yeux des autres. Nous avons également beaucoup travaillé sur la question de l'image de soi. Cette femme n'est pas restée longtemps léthargique et a rapidement trouvé la force en elle de se battre et de reprendre le cours d'une vie normale.

Dans les ruptures, il peut arriver que celui qui n'a pas fait le choix de rompre se remette en question, comme s'il était la cause de cette rupture. Ce qui est un tort, car dans les relations humaines, la pratique m'a appris qu'il est rare que les choses se passent de manière linéaire et purement rationnelle en matière de rupture. Quand on se trouve en présence d'un chagrin d'amour, l'adage selon lequel le temps permet de tout oublier n'est pas faux. Mais, *en attendant*, il faut bien vivre, et c'est là que se trouvent les plus grandes souffrances. Dans ce cas précis, un outil s'est avéré très efficace : l'utilisation du **carnet de bord d'une volothérapie** (cf. p. 173). Cette femme a accepté de tenir ce carnet régulièrement. En quelques mots, parfois davantage, elle a posé sur papier ses angoisses, ses doutes, ses craintes, ses résistances, ses appréhensions et, surtout, ses découragements. Séance après séance, elle me présentait ses réflexions ; elle répondait à toutes les questions du carnet avec le plus d'authenticité possible, afin de coïncider le plus avec elle-même ; afin d'être au plus proche d'elle-même. Elle souffrait parfois de cet arrachement à soi, mais elle faisait *l'effort* jusqu'au bout. Ensemble, nous analysions ses réponses et je lui demandais de me proposer des conclusions. Peu à peu ses objectifs réels firent leur apparition. Elle en prit conscience lentement et, au terme de nos rendez-vous, elle relut les premières réponses données et fut étonnée en découvrant le chemin qu'elle avait parcouru. Elle m'avoua qu'à présent tout lui semblait plus clair, que sa vie lui était comme « révélée ». Désormais, elle était capable de dépasser une situation qui l'avait fait profondément souffrir. Le carnet de bord lui a permis de maintenir cet effort volontaire constant, c'est aussi ce qui lui a permis d'avancer dans sa thérapie.

Nous sommes tous capables de dépasser la souffrance de l'abandon ou encore de la trahison par un effort volontaire, car nous possédons tous une volonté ; mais lorsqu'on n'est pas guidé pour affronter une telle épreuve, la volonté demeure inutile. Par ailleurs, l'épreuve de la rupture présente des avantages existentiels importants. D'un point de vue psychologique, elle nous place en face de nous-mêmes et permet d'établir un bilan de vie grâce au carnet de bord. En outre, dans cette solitude, nous retrouvons nos désirs profonds. En somme, la rupture est un chemin possible pour atteindre une certaine vérité de soi. C'est aussi pour ça qu'une rupture peut être un bon moyen de « réajuster » son existence à la mesure de ses souhaits véritables. En cela, cette expérience peut être un véritable moteur de vie, qui peut conduire au contentement intérieur.

En conclusion, nous pouvons dire que les autres ne sont pas une fin en soi pour notre bonheur, mais seulement un moyen, et que nous devons apprendre à lutter contre la solitude en retrouvant en nous-mêmes les véritables objectifs qui nous donnent envie de vivre. Pour vivre heureux, vivons tel qu'on le veut !

COMMENT ÊTRE SOI QUAND ON EST DÉPOSSÉDÉ DE SOI-MÊME ?

Une autre situation peut provoquer le syndrome de vacuité. Il s'agit des moments de notre existence où nous avons l'impression d'être absents de notre propre vie. On vit en oubliant chaque jour davantage qui l'on est, ce que l'on aime, ce dont on rêve, ce que l'on souhaite… S'oublier, c'est oublier pourquoi l'on vit, c'est perdre la volonté de vivre, devenir un automate. Il y a plusieurs façons de s'oublier : dans le travail, dans le sport, dans l'alcool, la drogue, etc. Mais cela arrive aussi quand, de façon involontaire, on perd de manière brutale l'image que l'on a de soi après un accident où l'on se trouve paralysé ou après une maladie. Enfin, il y a également la vie elle-même qui peut être cause de cette perte d'intérêt pour soi. Imaginons des situations terriblement difficiles à vivre avec soi-même, comme celle de la survie après un choc qui modifie irrémédiablement les habitudes du quotidien, ou la disparition d'un être cher, mais aussi la perte de son emploi, ou simplement une violente dispute avec un ami de longue date qui modifie notre paysage affectif.

La difficulté qui se présente alors est celle qui consiste à conserver une image de soi intacte, sans que la souffrance ne se transforme en punition sur soi-même ; sans que l'on se fasse le reproche d'être la cause de tels changements. Dans bien des cas, lorsque l'on subit une situation, le simple fait de rester passif et de s'ancrer dans des habitudes qui ne nous conviennent pas suffit pour que l'on ait une mauvaise image de soi. Pourtant un tel contexte n'est pas toujours visible alors même que l'on est immergé dans le quotidien. Et pour être capable de comprendre combien nous pouvons vivre dans une totale aliénation, il faut avant tout dresser un **bilan de vie**. Le bilan de vie est une sorte de diagnostic existentiel, une prise de conscience réelle de soi.

L'exemple suivant illustre la manière par laquelle on parvient à se retrouver soi-même grâce à un effort de la volonté, après un bouleversement dans l'existence.

Exemple n° 5 :
continuer à vivre après le diagnostic d'une maladie grave

Je me souviens d'une conversation avec l'une de mes amies cancérologue. Nous discutions de la difficulté d'annoncer un diagnostic fatal à un malade. En plaisantant, elle me fit remarquer que je n'avais pas ce genre de problème. En effet, je n'ai pas pour habitude de révéler le diagnostic à mes patients. Dans le cadre d'une volothérapie, j'établis un **bilan de vie**, qui s'apparente à un diagnostic, puis avec le patient j'élabore des solutions où la volonté va permettre de venir à bout de la pathologie. En aucun cas, je ne confie spontanément mon interprétation première – mon *pronostic*. En revanche, la profession de mon amie l'oblige à faire des annonces qui peuvent bouleverser irrémédiablement la vie du patient. Or, dans notre conversation, il était question d'une femme qui venait vérifier les inquiétudes de son généraliste. Après de nombreux examens, le choc fut rude : cancer de l'utérus avec des métastases disséminées partout dans le corps. Mon amie médecin m'expliqua combien il lui était chaque fois difficile de faire de telles annonces. Dans ce cas précisément, la patiente était tombée dans un choc catatonique qui l'empêchait de réagir et d'entamer la lutte contre sa maladie. Je proposai à mon amie de m'envoyer sa patiente, de manière que je puisse l'aider.

Dès que je la vis, je compris que la question qui se posait était : comment continuer à vivre alors que tout semble désespéré et vain ; alors que tout semble *déjà* fini ? Le fameux *à quoi bon ?* revenait sans cesse dans l'esprit de cette femme. Son corps comme son esprit avaient décidé de se laisser mourir. Plus précisément, *elle* avait décidé de se laisser mourir. Susciter en elle une réaction par le biais de phrases et d'idées chocs ne me semblait pas pertinent dans la mesure où rien de ce qui émanait de son existence ne pouvait lui donner l'envie de se battre puisqu'elle semblait dépossédée de sa vie et de son être. Il fallait donc trouver un autre moyen. Dans son cas, ériger un pronostic n'était pas bien difficile : elle souffrait de perte profonde d'elle-même ; elle avait l'impression d'être dupe d'elle-même. Elle en voulait terriblement à son corps d'être tombé malade et à son esprit d'avoir cédé au corps. Elle se sentait faible et pensait être le germe de sa pathologie, comme la responsable de son désespoir. Mon travail avec elle consistait donc à ce qu'elle prenne pleinement conscience qu'elle n'était en rien la cause de sa souffrance ; mais qu'en revanche, elle portait en elle la possibilité de se libérer et peut-être d'aller mieux. La volothérapie pouvait l'aider – non pas à guérir du cancer – mais à supporter cette souffrance, à regarder sa maladie en face, comme on se regarde soi-même, et à dépasser ce qui pour l'heure semblait insurmontable. Le but n'était pas de vivre à tout prix et le plus longtemps possible, mais le mieux possible. C'est en cela que je pouvais l'aider. Notre premier entretien fut bref. J'étais déjà étonnée qu'elle acceptât de se présenter. Elle m'avoua qu'elle ne *comprenait* pas ce qu'il lui arrivait, et pourquoi cela lui arrivait à elle en particulier. Je tentai de lui expliquer que cela ne dépendait pas d'elle, et que souvent les circonstances extérieures peuvent influer sur notre vie. L'important était d'être capable de les supporter et de les surmonter. Jusqu'alors, son corps ne l'avait jamais abandonnée, c'était la première fois qu'il la trahissait. Elle ne voulait pas admettre qu'elle n'avait aucune responsabilité dans sa maladie. Il me fallait agir afin qu'elle fasse la paix avec elle-même. Lorsque nous nous vîmes pour la deuxième fois, j'avais placé au centre de mon cabinet une psyché. Ce grand miroir porte bien son nom ! Elle fut un peu étonnée en entrant et fit mine de ne pas le remarquer. Elle conservait son air défait et sa triste figure, le regard sombre et baissé. Après un court échange de paroles, je lui proposai de se lever et de se placer face à la psyché. Elle s'exécuta. Elle se mit debout et, sans relever les yeux, se plaça face au miroir. Je lui demandai alors de se regarder. Lentement, elle redressa la tête et croisa son regard. Un moment de silence parcourut la pièce. Un silence lourd et profond. Un silence qui en disait long. Un silence que je refusai d'interpréter, car je voulais laisser cette femme seule avec elle-même le temps de cette rencontre. Ce silence semblait s'éterniser. C'était un moment de suspension dans le temps de cette femme, un moment entre parenthèses où la coïncidence avec soi-même était devenue possible. La prise de conscience s'était faite toute seule. Je lui demandai de bien vouloir décrire l'image que réfléchissait la psyché. Son corps devenait le « reflet » de son âme. Elle était à l'extérieur comme elle se sentait à l'intérieur. Elle me dit que c'était elle ; je l'invitai à développer et à analyser cette image : elle me dit voir une femme, blonde, avec les yeux bleus, assez bien proportionnée. Je lui demandai alors si elle trouvait que cette femme était jolie. Elle me répondit qu'elle se trouvait assez jolie. Je lui demandai ensuite si elle pensait que ce corps semblait l'avoir trahie. Elle me répondit qu'il était « pourri de l'intérieur » et que ce reflet dans la glace n'était pas la réalité. « Qu'est-ce donc que la réalité ? lui rétorquai-je. — Un corps décomposé », m'avoua-t-elle avec effroi. Je l'invitai alors à se regarder à nouveau dans le miroir et à me dire si ce corps était morcelé, ou décomposé – ou bien si c'était l'image qu'elle croyait avoir d'elle-même qui était morcelée et décomposée. Elle fut contrainte de l'admettre. Ensuite, je l'interrogeai sur la façon dont elle envisageait l'avenir. Elle se rassit et m'indiqua que, pour elle, nul avenir n'était envisageable. À nouveau je lui demandai ce que réclamait le corps qu'elle avait vu dans le miroir : était-ce un corps vivant ou un corps mort qu'elle regardait ? Sans nul doute, c'était là un corps en pleine vie. Elle comprit peu à peu qu'*elle était encore en vie*. Son corps respirait, il sentait la douleur et la joie, il avait besoin d'être alimenté et il devait se confronter à tout moment au vivant. Elle devait encore se donner une chance à elle-même, tant qu'elle était en vie, elle devait vivre et surtout *décider* de sa vie. Elle reconnut que c'était là la stricte réalité ; et qu'il fallait qu'elle continue à se sentir vivante.

Ensemble, nous rédigeâmes le carnet de bord, ce qui l'obligeait à regarder sa maladie en face. Peu à peu, au fil des mots et sous le besoin d'exulter son angoisse par le biais de l'écriture, le carnet de bord se transforma en un véritable journal dans lequel elle répertoriait une à une ses émotions. Elle s'habituait à elle-même. Elle n'avait plus peur, car désormais le corps malade était redevenu le sien, il ne pouvait en être autrement et il n'en serait pas autrement jusqu'à la fin. Dans le carnet de bord, on inscrivit le calendrier des séances – qui étaient très rapprochées – et une liste de tout ce qui était essentiel pour elle. Elle se fixa comme but de vivre afin d'accomplir chacune de ces choses. Hélas, la vie ne lui donna pas le temps de réaliser ses derniers désirs : elle décéda deux mois après notre rencontre, foudroyée par la maladie. Je l'ai accompagnée dans ses derniers moments, je l'ai aidée à continuer à vivre pendant le temps qui lui restait. J'ai acquis la certitude qu'elle est partie sereine malgré les souffrances physiques qu'elle a dû supporter. Son cœur et sa « psyché » étaient libres. Elle avait pu faire la paix avec elle-même ; nous avions travaillé à cela. J'ai admiré sa force et la volonté avec laquelle elle est parvenue à puiser en elle de quoi traverser une telle épreuve.

La volothérapie peut aussi être un moyen décisif pour supporter un choc d'une grande ampleur. Elle permet de trouver en soi un équilibre nécessaire pour affronter une épreuve. Par la volothérapie, j'avais pu aider cette femme, mais aussi sa famille ce que le corps médical et soignant a trop souvent tendance à oublier. Ses proches l'ayant vue partir en toute sérénité intérieure étaient devenus, eux aussi, plus sereins. Cette paix-là était certes due à la volothérapie qui rend possible un voyage au cœur de soi-même, mais aussi à la volonté de chacun qui se révèle être d'une puissance insondable. Je dois bien avouer que ce cas m'a tout particulièrement marquée et qu'il a été décisif dans l'étude théorique et thérapeutique sur la volonté que j'ai accomplie par la suite. Je pus aussi me rendre compte de l'efficacité et de la nécessité du carnet de bord, qui permet d'y voir plus clair dans sa vie, alors que tout semble confus et perdu, et qui est l'expression même de la volonté.

En conclusion, on peut dire que, lorsque la situation semble si désespérée qu'il paraît ne plus y avoir d'issue, il faut se rappeler que tant qu'il y a de la vie, il y a de la volonté. Une volonté qui doit amener chacun de nous à persévérer dans l'existence. Alors que cette femme avait renoncé à elle-même, elle a fait le dernier effort de se retrouver pour partir en paix. Sa dernière rencontre avec elle-même fut sans nul doute la plus importante, parce qu'elle l'avait réconciliée avec elle-même. « Je vis, je veux, je peux » est une maxime que l'on ne doit jamais oublier ; à chaque souffle de vie correspond toujours un élan de volonté.

Les addictions

S'il est des pathologies où on a l'impression de se perdre soi-même, ce sont les addictions. Les addictions sont l'expression d'une profonde dépréciation de soi et le reflet d'un lent suicide. C'est pourquoi elles doivent être soignées en collaboration avec des addictologues, des psychiatres, des médecins et des psychothérapeutes. Les addictions peuvent être de toutes sortes : alcool, cigarette, drogue, nourriture, etc. On ne peut imaginer qu'une psychothérapie puisse venir à bout des addictions sans une solide aide médicale : certaines addictions, comme l'alcoolisme, le besoin de fumer, etc., impliquent une dépendance physiologique qu'une thérapie seule ne pourrait combler. De fait, lorsque je reçois en cabinet une personne souffrant de ce type de pathologie, je l'incite avant tout à commencer un traitement de sevrage suivi médicalement. La volothérapie n'est qu'un complément à ce type de soin. Elle vient le soutenir. Pourtant, c'est de la volonté que va dépendre la réussite ou l'échec du traitement.

Exemple n° 6 :
l'alcoolique ; l'addiction comme un lent suicide

On évoque souvent l'alcoolisme comme un facteur social touchant une certaine couche de la société et comme un problème essentiellement masculin. Je m'oppose à ces préjugés et je tiens à rappeler que l'alcool concerne tout le monde et que nul n'en est vraiment à l'abri. Hormis le facteur héréditaire qui entre aussi en considération, on devient alcoolique sans s'en rendre compte et de manière très simple. Il suffit de prendre l'habitude de boire, par exemple un apéritif tous les soirs ou tous les midis, en bonne compagnie, pour que naisse une dépendance. De manière moins systématique, on peut aussi concevoir l'alcoolisme comme une échappatoire devant une réalité devenue insupportable : un choc, un changement, une rupture ou encore un bouleversement des habitudes peuvent être à l'origine de l'alcoolisme. De très nombreuses personnes traversent dans leur vie un moment où tout devient insurmontable, indépassable. Et la première tentation – qui est aussi une faiblesse première – qui passe permet d'oublier une existence qui paraît insupportable. Y a-t-il choix ou pas ? Décide-t-on de prendre le premier verre et les autres ? Comment le réconfort de plonger dans le divin breuvage peut-il être supprimé alors même que l'on ne trouve plus en soi la force de survivre ?

Le désespoir peut être si profond que rien ne semble pouvoir le combler. Aussi, ce qui cause cette envie – puis ce besoin – de boire, c'est encore une fois la perte de sens de la vie : pourquoi vivre ? À quoi bon continuer ? Quel est le sens de mes actes ? Que suis-je devenu ? Tant de questions qui ne trouvent pas de réponse. Ce qui caractérise cette perte de sens, c'est aussi l'impression d'un vide béant et l'incompréhension des autres : l'alcoolique est un incompris et un grand solitaire. Il boit pour oublier qu'il est lui-même ; il boit, car en perdant l'image de soi, il a perdu du même coup l'amour de soi. En proie à un taux d'alcoolémie élevé, le sujet est comme « paralysé », amputé de la faculté de jugement et de réaction.

L'alcool a cet effet anesthésique qui ne permet plus de réagir – sans parler des contraintes de dépendances physiologiques. Contrairement à ce qu'on pourrait penser, la volonté, bien qu'anesthésiée elle aussi, sera une arme redoutable contre cette inertie psychologique.

La volothérapie peut ainsi aider à retrouver une estime de soi qui est au centre de l'équilibre intérieur et permettre ainsi de se libérer des chaînes addictives. Mais le travail, dans ce type de cas, est à la fois long, difficile et éprouvant.

Un jour de printemps j'accueillis une jeune femme finlandaise qui vivait depuis plusieurs années à Paris. Elle avait épousé un Français et menait une vie assez mondaine. Sans enfant, cette femme avait abandonné son travail car son mari avait davantage besoin d'elle comme « maîtresse de maison ». Peu à peu, c'était la solitude qui avait fini par habiter son quotidien et, pour déjouer l'ennui, elle avait pris l'habitude de boire régulièrement. Bien sûr, au début, c'était le faste des réceptions – cocktail, dîner ou encore déjeuner – qui était à l'origine de son addiction, puis par la suite, ce plaisir – l'un des rares dans sa vie – s'était prononcé. Cette femme avait commencé à s'inquiéter quand elle avait éprouvé le besoin de boire en plein après-midi. Seule en cachette de tous, elle sortait s'acheter une bouteille qu'elle buvait solitairement. Quand son mari rentrait en début de soirée, elle était grise au point de ne plus se souvenir le lendemain de ce qui s'était passé la veille. Son caractère avait changé : elle ne supportait plus rien ni personne ; elle était devenue irascible et n'arrivait plus à vivre avec son mari : ce dernier étant devenu son unique miroir, son regard la replaçait constamment face à elle-même. Elle avait fini par se détester, par se haïr, tant elle s'était perdue de vue.

Mon travail allait consister à retrouver quelle était la raison profonde qui l'avait conduite à cet état. Après qu'elle m'eut exposé son cas et l'ampleur de sa souffrance, je décidai de m'entretenir d'un autre sujet avec elle. Je lui demandai ce qui l'avait amenée en France. Je connaissais bien la Finlande où j'avais fait de nombreux séjours d'enseignements. J'y avais aussi une amie psychologue qui avait fait des études très poussées sur le comportement des Finlandais face à l'alcool, la Finlande étant l'un des pays d'Europe les plus touchés par ce fléau et où aussi le taux de suicides est le plus élevé. Autant de données que je ne pouvais omettre en ce qui concernait le cas de cette femme. Elle m'expliqua combien la vie était différente entre Paris et Helsinki. La vie parisienne semblait pleine de complications, de difficultés, de stress et surtout d'indifférence. Malgré les relations importantes de son mari, elle n'était pas parvenue à se faire de vrais amis à Paris. Par ailleurs, bien que le voyage entre Helsinki et Paris soit rapide, son mari refusait qu'elle retourne en Finlande tant il avait besoin de sa présence lors de ses réceptions. Cette femme se sentait dépossédée d'elle-même, comme si son mari l'empêchait de se réaliser et d'exister. Elle était devenue la prisonnière en exil d'une cage dorée où son rôle existentiel se bornait à *paraître* l'épouse parfaite d'un homme dont les contrats professionnels passaient par ce jeu étrange des représentations et des convenances sociales. Cette femme en était le tribut. Je compris alors que son alcoolisme était devenu un lent suicide ; un suicide à petit feu qui délivrait le message suivant : « Rends-moi ma liberté ou je meurs. » Cette réalité parisienne, elle aurait fait n'importe quoi pour la fuir. Et c'est dans l'alcool qu'elle trouvait sa délivrance. Une compensation aussi éphémère qu'illusoire face à ses difficultés existentielles. Je décidai alors de susciter en elle l'idée que son alcoolisme n'était pas une fatalité et surtout qu'il était lié à un problème existentiel plus profond qu'elle devait découvrir et soigner. Une prise de conscience de ce qu'elle était et de ce dont elle avait besoin fondamentalement s'avérait primordiale. Cette femme devait parvenir à trouver une raison de vivre pour elle-même. Elle devait cesser de vivre par procuration, en satisfaisant les désirs des autres ou de l'autre. Et sa raison de vivre était de pouvoir retourner dans son pays d'origine. Avant de guérir de son alcoolisme, il fallait donc qu'elle parvienne à se libérer des chaînes de son existence : briser la monotonie de sa vie, se libérer du problème que représentait la vie avec son mari. Elle commença à tenir son carnet de bord, ce qui, au début, lui parut extrêmement contraignant. Elle accomplissait l'exercice avec une grande irrégularité et avait du mal à se tenir à cet effort. Tout simplement, elle n'avait pas envie. Elle m'avait déjà confié qu'elle n'aimait pas écrire, ce à quoi j'avais répondu que quelques mots suffisaient, car ce qui compte, dans ce travail, c'est la volonté et la constance que l'on met dans la tenue du carnet. Elle finit par consentir à cet effort, puis comprit qu'il était en effet dans son intérêt. Elle venait de réaliser qu'il n'y a pas de possible amélioration d'une situation sans l'envie première de changer de situation.

La thérapie qu'elle engagea lui permit en peu de temps de dégager les véritables objectifs de vie nécessaires à son bonheur. Ces intérêts de vie clairement établis et notés dans le carnet de bord, il ne restait plus qu'à les réaliser. Cette femme comprit alors combien sa survie pouvait dépendre de ses intérêts de vie. Pour ce faire, parce que la raison de ces actes devenait évidente, elle déploya une volonté gigantesque et mit tout en œuvre pour atteindre ses objectifs. Elle prit un billet d'avion pour le week-end suivant, et le vendredi soir, son mari la voyant faire ses valises, hébété, l'interrogea. Elle lui répondit sans la moindre hésitation qu'elle partait pour trois jours à Helsinki, sa famille lui manquait ; et réception ou pas, son avion décollait le lendemain matin. Elle serait de retour le lundi soir, libre à lui de venir la chercher à l'aéroport, si son emploi du temps le lui permettait. Elle me raconta que son mari fut tellement étonné de cette initiative, qu'il ne sut comment réagir. Elle passa alors l'un des plus beaux week-ends de ses dix dernières années, oubliant même son besoin de boire, même si son corps, lui, n'oubliait pas. À son retour, elle me confia avoir la force d'entamer une cure de désintoxication. À présent, plus rien ne lui faisait peur, elle était capable d'affronter toutes les situations, tant elle se sentait forte et libre. Cette liberté était le fruit de sa détermination et de l'effort volontaire qu'elle avait dû fournir pour se dégager des aliénations de sa vie. Bien entendu, je n'ai pas guéri cette femme de l'alcoolisme, mais je lui ai permis de trouver en elle la force de se libérer des problèmes à cause desquels elle buvait.

Encore une fois, bien des addictions nécessitent des traitements complémentaires, tels que la médecine générale combinée à celle des spécialistes et soutenue par une thérapie. On ne peut guérir si on ne connaît pas toutes les origines du symptôme. Mais la volothérapie permet d'une part de dégager les sources de la maladie, de la souffrance, et d'autre part d'apprendre à trouver en soi la force d'aller mieux et de mieux vivre avec les difficultés de l'existence. Cette femme, en s'interrogeant sur ses véritables raisons de vivre, avait puisé en elle-même le remède à sa douleur. Il faut bien comprendre que la volothérapie n'est pas une méthode thérapeutique « miracle », mais que si elle fonctionne, c'est bien parce qu'elle trouve son principe au cœur même de chacun de nous. Aussi, chaque personne est capable d'aller mieux et de mieux vivre, tant qu'elle est capable de *voir* et de *comprendre* le pouvoir de guérison qu'elle a en elle.

Quand on se sent tomber dans un état tel que bien souvent ce sont les autres qui nous aident à en prendre conscience, il faut réagir au plus vite. Comme pour bon nombre d'addictions, ces comportements ne préfigurent qu'un lent suicide. Le sujet est comme aspiré dans une spirale infernale sans qu'il en ait conscience. Pour retrouver l'envie de vivre, de se battre et de se libérer, il faut retrouver l'amour de soi. Et cette estime qui permet de se sauver de l'autodestruction est l'expression même de la volonté, cette volonté qui nous donne la force de se regarder en face au point d'avoir honte de la personne que l'on est devenue et que notre dégoût de nous-mêmes révèle le besoin de changer la situation. Apprendre à tourner l'effort de la volonté vers soi-même nous aide toujours à retrouver l'estime de soi, et à se vouloir à nouveau !

Les addictions sont des états limites, des pathologies qui relèvent à la fois de symptômes physiologiques et psychiques[1]. Ce sont des maladies graves qu'il ne faut pas minimaliser. Mais il existe aussi un état qui amène

1. Consulter à ce sujet l'excellent collectif *Anorexie, addiction et fragilités narcissiques*, sous la direction de Vladimir Marinov, PUF, Paris, 2001.

également une grande souffrance, même s'il ne dépend pour l'essentiel que de troubles psychiques, voire de **négligence existentielle** : c'est celui des déprimes chroniques. En effet, il existe des personnes qui, sans être atteintes de dépression, sont affectées par de réguliers « passages à vide », par des états mélancoliques à intervalles réduits. Là encore, elles courent le risque de s'oublier elles-mêmes et de perdre toute envie de vivre.

La déprime chronique comme dépréciation de soi

Une des pathologies les plus fréquentes à notre époque est celle de la déprime. Qui, dans sa vie, n'a pas connu de « passage à vide » ou encore de découragement profond ? Qui, un jour, n'a pas eu envie de partir loin, de changer radicalement de vie en abandonnant tout derrière soi ? Nous avons tous ressenti cela un jour ou l'autre, sans jamais passer à l'acte. Ce qui nous a retenu n'est pas le manque de courage. D'une manière générale, l'envie de lutter et de se battre nous pousse toujours à persévérer pour changer les choses. Cette force, cette énergie, c'est la volonté. Toutefois, par moments, cette volonté semble nous quitter, et nous laisse l'impression de n'être plus qu'un corps vide, un corps sans vie, qui – tel un automate – s'exécute du matin jusqu'au soir dans les horaires que la société moderne a fixés pour nous. La déprime est certes difficile à vaincre, car elle peut avoir des origines superficielles et d'autres plus profondes, mais on peut espérer en venir à bout avec un bon volothérapeute. Il existe, par ailleurs, un cas plus rare et moins étudié mais tout aussi ravageur. Il ne s'agit pas de dépression mais d'une sorte de dérivé de la déprime :

la mélancolie et son état de déprime chronique, qui dure et se répète inlassablement.

L'état de déprime chronique est l'expression même de l'absence de volonté. Le corps semble renoncer à se mouvoir parce que la volonté n'agit plus. La volonté a renoncé à la vie. Nous sommes alors comme « prisonniers » de notre souffrance, impuissants à la combattre, impuissants à toute réaction. La volonté est comme absente, évanouie. Le corps et l'esprit se laissent aller à une vacuité morbide. Rien ni personne ne semble pouvoir modifier la situation. Dans une situation si douloureuse où l'image de soi a totalement disparu, il faut parvenir à puiser au cœur de soi pour faire émerger des intérêts de vie assez puissants et nous faire réagir. Aussi infinie est la volonté qui renonce, aussi infinie peut devenir la volonté qui réagit. La volothérapie est précisément ce qui permet le passage de l'inertie à l'action, comme le montre l'exemple suivant.

Exemple n° 7 :
le mélancolique ;
combattre la mélancolie et les « passages à vide »

Depuis longtemps, j'assiste dans mon cabinet à certaines mutations de symptômes. Les dépressions subsistent, mais les déprimes se transforment. Aujourd'hui, je vois des patients qui, sans être dépressifs – pour qui un traitement médicamenteux ne s'avère donc pas nécessaire –, souffrent de mélancolie et de déprime chronique. La mollesse, l'inaction – en un mot, la vacuité – les tiraillent du matin au soir. Ils se renferment sur eux-mêmes, trop fatigués pour assurer la continuité des relations sociales, deviennent de moins en moins performants dans leur travail, n'ont plus de goût à rien : ni à aimer, ni à détester, et ont envie de dormir dès qu'ils en ont l'occasion. Parce qu'ils les empêchent de s'épanouir, ces comportements deviennent rapidement insupportables. En outre, cette vacuité d'être les entraîne dans une profonde dépréciation de soi, car ils s'accusent d'être trop faibles pour réagir. Il ne s'agit pas ici d'angoisse existentielle, car on peut dire que ces patients sont en deçà de toute angoisse, mais ils survivent sans même avoir la force ni même l'envie de vivre.

Pour surmonter ce type de comportement, la volothérapie est l'unique solution : les médicaments, comme par exemple ceux que l'on qualifie de « médicaments du sourire », sont inutiles ; d'autres, plus forts, peuvent être dangereux et enferment le patient dans une léthargie et une dépendance psychique dont il aura beaucoup de mal à sortir. Enfin, se montrer agressifs avec les gens atteints de vacuité n'est pas non plus une solution, car bien souvent ces patients atypiques sont incompris et mal diagnostiqués. Mais la volothérapie peut leur permettre de retrouver une énergie jusqu'alors oubliée et surtout leur donner envie de la déployer. Dans de tels cas, la puissance de la volonté est l'unique moteur pour sortir de la mélancolie et des déprimes chroniques. Ce qui est également en cause dans ce type de pathologie, c'est l'auto-dépréciation et la mauvaise image que l'on peut avoir de soi-même. En se laissant aller à la vacuité, on finit par se perdre et par se détester. Et une fois atteint ce degré de dépréciation, il devient très difficile de parvenir à retrouver la force et la puissance volontaire pour s'en sortir. Encore une fois, la volonté est comme un outil : soit on sait s'en servir correctement et l'on est capable d'accomplir de belles œuvres, soit on ne sait pas et elle devient alors si inutile qu'on en oublie jusqu'à son existence. Ce type de déprime chronique, qui illustre clairement le défaut de volonté, peut avoir de graves conséquences : peu à peu, l'habitude d'une existence sans saveur vient remplacer les projets et les désirs, au point de nous faire oublier pourquoi on vit.

Devant une telle situation, la solution est simple : il faut être capable de motiver la volonté, comme une machine que l'on remettrait en route. Contre cette vacuité existentielle, il faut dresser un bilan de vie, qui ne peut se trouver qu'en effectuant un profond travail sur soi. Ensuite, il faut retrouver la force d'établir un programme qui mette en œuvre les moyens d'atteindre nos désirs. C'est là tout le rôle du carnet de bord qui, d'une part, permet de révéler nos intérêts de vie et, d'autre part, par la persévérance, de rendre possible leur réalisation. Bientôt, au lieu de se lever le matin « parce qu'il le faut » ou « parce qu'on le doit », on le fait pour accomplir les œuvres et les actions que l'on s'est fixées. En quelques mois, une personne qui souffre de déprime chronique retrouvera le goût de vivre et l'envie de se réaliser en même temps qu'elle réalisera sa vie. J'ai l'habitude de donner à mes patients une maxime empruntée à un philosophe : « Faire et en faisant, se faire. » L'action, le mouvement sont les meilleurs moyens de guérir de la vacuité, mais encore faut-il que ces actions soient l'expression de nos véritables aspirations de vie. En somme, il s'agit de réaliser sa vie en même temps que l'on se réalise soi-même.

Toutefois, la vacuité ne s'exprime pas seulement dans le rapport à soi. On la retrouve aussi dans le contexte affectif qui scelle nos rapports aux autres et tout particulièrement dans la relation à la famille.

III

Le rapport à la famille
Guérir de la vacuité affective

Dans un contexte social où nous sommes en représentation, où nous devons répondre à des exigences de réussite très élevées (réussir professionnellement, familialement, financièrement, socialement, etc.), aimer dans la gratuité de l'amour devient un non-sens. En fait, nous n'avons plus de place pour l'amour et plus de temps pour aimer. La société ne reflète plus qu'une seule valeur : celle du vide ; un vide face auquel tout le monde ne réagit pas de la même manière, mais où souvent la volonté a renoncé, où la vacuité a remplacé l'espérance du changement et l'espoir du « mieux-aller ». Car il faut encore avoir le désir de réagir pour guérir de tels malaises. C'est précisément contre un tel symptôme que lutte la volothérapie. Elle suscite ce désir de guérison et redonne espoir à travers des actes de volonté.

Pour la volothérapie, faire des choix est toujours possible. Il n'est jamais trop tard. Nous pouvons faire le choix de notre vie, et le renouveler à chaque instant, décidant de vivre en accord avec nos désirs profonds.

Un des choix primordiaux auxquels nous sommes tous confrontés est celui qui doit combler notre désir d'amour. Pourtant, bien que l'amour soit un désir naturel, le manque d'amour est partout présent. Nous en subissons les conséquences à tout instant, y compris au sein du milieu familial.

La famille doit être envisagée comme une « micro-société » où l'on effectue nos premiers pas avec les autres. Le rapport aux parents, à la fratrie, aux oncles et tantes, etc., représente aisément le genre de difficultés affectives auxquelles on devra faire face plus tard. Souvent on constate une sorte de « manque originel » avec ceux qu'on aime : on demande toujours à être aimé plus que ce que les autres peuvent nous aimer. De là naît une frustration que l'on peut conserver tout au long de sa vie et qui peut avoir des répercussions lourdes de conséquences.

Celui qui parviendra à se fixer clairement des objectifs de vie et à s'y tenir sera à l'abri de toute détresse affective. À l'inverse, celui qui, fragilisé par son existence, ne supportera pas ces abandons successifs pourra être atteint du syndrome de vacuité. Le danger consiste précisément à croire que notre bonheur dépend des autres et que, quand on est seul, on est incapable de vivre heureux.

Faire dépendre notre existence du regard de l'autre, c'est au contraire courir le risque de finir seul et de souffrir d'inertie mentale et physique. Comment faire pour parvenir à ne dépendre de personne affectivement ? Comment arriver à être comblé intérieurement, sans que l'autre ne devienne un obstacle ?

Les symptômes auxquels s'attaque la volothérapie en ce qui concerne les rapports à la famille sont de plusieurs ordres :

1. Tout d'abord, il s'agit de traiter le vide affectif que l'on ressent au sein d'une famille. Alors qu'a priori, la famille est le lieu originel de l'affection, il semble que l'on ne reçoive jamais assez d'amour et que l'on en demande toujours davantage. Pour répondre à cela, la volothérapie propose deux solutions :

— Parvenir à accepter les différences au cœur de l'unité familiale. Chaque individu singulier doit parvenir à trouver un équilibre entre sa réalisation personnelle et celle de sa famille, entre sa demande exclusive d'amour et celle des autres. Il s'agit d'**apprendre à s'aimer les uns les autres par un effort volontaire**.

— Pour affirmer cette place qui revient à chacun et sans empiéter sur celle des autres, il faut **instaurer des règles de vie qui reconnaissent l'identité de chaque membre**.

2. En analysant le couple au sein de la famille, on constate que le désir est en faillite et que les couples se délitent. La volothérapie peut venir au secours du désir en se concentrant sur les axes suivants :

— Redéfinir les liens du couple en affirmant et en respectant la volonté de chacun.

— Parvenir à **inventer le désir par un effort volontaire** et réaffirmer une sexualité épanouie.

Précisons le rôle de la volonté pour chacune de ces situations afin d'établir quels sont les moyens thérapeutiques proposés par la volothérapie.

Ce que l'on peut ressentir lorsqu'on est saisi par l'angoisse du vide affectif relève d'une douleur si grande que l'unique délivrance possible paraît parfois être la mort. Cette douleur peut prendre plusieurs formes qui s'expriment toutes par une très forte angoisse. Parfois les névroses du dimanche ont aussi pour origine le vide affectif. Ce vide envahi tout le corps, en partant du ventre et en remontant dans le cœur jusqu'à contaminer chaque pore de la peau, chaque parcelle physique et psychique ; jusqu'au bout de l'être on tressaille de douleur. Cette souffrance est pourtant d'une nature inconnue ; on ne saurait ni y mettre de nom ni y mettre l'idée d'un quelconque souvenir précis. Elle est comme irréelle, mais bien présente. Elle ronge comme un cancer interminable, un cancer du cœur. Rien ne semble parvenir à atténuer une telle souffrance qui bien souvent s'accompagne de symptômes somatiques : maux de ventre, eczéma, acnée, étouffements, maux de tête… Annexé par le vide, le corps réagit comme il peut devant cette invasion psychique de son territoire. Peu à peu le corps souffreteux, l'âme égarée et le cœur à l'abandon tombent dans la vacuité la plus totale : à quoi peut servir de prendre le téléphone pour appeler un proche ou un ami qui finira par faire tourner la conversation autour de lui ? À quoi peut servir de s'habiller pour sortir et croiser le regard des autres qui de toute façon ne comprennent rien ? À quoi peut servir de s'alimenter pour nourrir un corps qui de toute façon se désagrège déjà ? Penser « à quoi peut servir ? » ou encore « à quoi bon ? » est l'expression même du syndrome de vacuité, ce syndrome contemporain dont le vide affectif est sans nul doute la manifestation la plus atroce. Sans Dieu et sans homme autour de nous pour nous tendre la main, qui reste-t-il ? Il n'est pas étonnant que la psychanalyse ait fait son apparition avec le XXe siècle !

La meilleure façon de s'en sortir est de parvenir à retrouver la puissance de sa volonté. Voici les réponses curatives que la volothérapie peut apporter :

La volothérapie procède par étapes en proposant d'abord au patient de réfléchir sur les causes de ce vide, sur ce qui a pu se passer en lui pour qu'il en vienne à un tel renoncement. Ensuite, il s'agit de l'aider à comprendre que la volonté des autres n'est pas *sa* volonté et que rien ni personne ne devrait parvenir à lui imposer d'autres choix que les siens. Puis de lui expliquer qu'il ne faut jamais demander à être aimé : il faut accepter de l'être, et non en faire la supplication. Être en demande affective nous place dans une situation d'infériorité, où l'autre a nécessairement le dessus. Et cette domination est cause de souffrance dans la mesure où l'on cherche à être aimé, et que l'on finit par être aliéné à l'autre. À partir de ce moment-là, c'est le vide qui vient combler notre besoin d'amour.

Cette situation est explicite quant au rôle de la volonté : c'est par un effort volontaire que l'on parvient peu à peu à se détacher du besoin affectif des autres. Par un effort volontaire, on se détourne de l'autre pour se tourner à nouveau vers soi. Cette force qu'est la volonté jaillit et rend possible le dépassement du vide affectif. Au lieu de chercher de l'amour dans le regard de l'autre, il s'agit de retrouver l'amour de soi, redécouvrir la volonté de vivre et dépasser le vide affectif pour s'affirmer dans l'existence.

L'exemple qui suit évoque le cas d'un patient qui, suite au décès de son épouse, a été atteint par ce vide affectif au point de ne plus retrouver goût à la vie et d'être comme dépossédé de sa volonté. Voyons comment la volothérapie a pu lui venir en aide.

Exemple n° 8 :
le vieux monsieur veuf ; survivre après un deuil

Un jour, un homme relativement âgé poussa la porte de mon cabinet, sans grande conviction. Il a perdu son épouse, et son fils, que j'avais aidé lors du deuil de sa mère, lui avait conseillé un entretien avec moi. Je compris rapidement qu'il n'était pas là pour surmonter la perte de sa femme, mais qu'il était davantage affecté par la perte de ses habitudes et de ses repères quotidiens. En perdant sa femme, il avait l'impression d'être dépossédé de sa vie entière. Il n'arrivait plus à vivre, comme si sa vie avait été ensevelie avec son épouse. Complètement léthargique et apathique, il poursuivit l'entretien en me confiant que les dimanches étaient ce qu'il y avait de plus insupportable pour lui. Depuis plus de quarante ans, sa femme et lui accomplissaient une sorte de rituel familial, le dimanche. La journée était parfaitement réglée : messe dominicale à 11 heures suivie du déjeuner en présence de toute la famille, enfin promenade à la campagne réservée exclusivement au couple et agrémentée d'un thé ou d'une glace vers 17 heures selon la saison. Aucun dimanche n'avait failli à la règle durant plus de quarante années de vie commune. « Excepté le jour où notre troisième fils est venu au monde… Vous comprenez, il est né un dimanche… », expliqua-t-il. Depuis la perte de son épouse, il ne supportait plus les silences du dimanche.

Il se terrait chez lui, fermant les fenêtres de peur que des cris d'enfants ne lui parviennent ; tirant les rideaux par crainte que le soleil et le bleu du ciel lui rappellent trop violemment les jours heureux qu'il avait connus jadis. Sa déprime se transformait peu à peu en dépression. Il refusait de se rendre à la messe ou encore de voir du monde. Il ne s'alimentait qu'épisodiquement et refusait d'établir un contact avec ses enfants. Il n'attendait qu'une chose : que l'horloge du salon s'arrête définitivement pour lui.

Je lui demandai alors pourquoi il refusait de poursuivre ce qu'il avait toujours connu jusqu'à présent.

« Eh bien, parce que ma femme n'est plus là. C'est évident.

— Certes, votre femme est partie, mais les choses, elles, sont toujours là : l'office est toujours célébré le dimanche, la même rivière coule à la campagne et le thé a *certainement* le même goût à 17 heures… Et vous aussi, vous êtes toujours là.

— Et alors ?

— Qu'est-ce qui vous empêcherait dimanche de retourner à la messe, de prier pour votre femme, puis de déjeuner chez vos enfants et enfin d'aller vous promener avec vos petits-enfants, là où vous aviez l'habitude de vous rendre avec votre épouse ?

— Je n'en ai plus envie.

— Pourquoi ?

— Parce que je suis seul.

— Croyez-vous que votre femme serait contente de vous voir renoncer à vos moments communs ? Ne pensez-vous pas qu'en continuant à vivre comme vous l'avez toujours fait, mais sans elle, vous prolongeriez sa mémoire ? »

Il ne put me répondre. En transposant la perte de sa femme sur la vie qu'il avait avec elle, cet homme devait faire face à un double décès : celui de sa femme et celui de sa vie. Quelques séances au cabinet suffirent pour que cet homme reprenne peu à peu goût à son existence. Il comprit également que c'était la meilleure manière d'honorer la mémoire de sa femme.

Si vous êtes confrontés dans l'existence à un choc traumatique de cette nature, il faut puiser en vous la force de survivre. Il faut bien comprendre que la volonté est le moteur même de l'existence. Le propre d'un choc est d'ankyloser la volonté. Mais la volonté ne disparaît pas, elle est comme endormie, sommeillant dans l'attente d'une réaction vive.

Certes, nous ne savons pas toujours comment manier cet outil qu'est la volonté, et c'est bien pour cela qu'une volothérapie est utile. Mais quand on comprend qu'il ne dépend que de notre volonté de vouloir-vivre ou de se laisser aller à la tristesse et au désespoir, alors la volonté devient le chemin même du bien-être. Après un décès, il ne faut pas se laisser abattre et se souvenir de ce que nous enseignaient les stoïciens : la mort est partie intégrante de la vie et il faut l'accepter, comme on accepte une naissance. La vie se gagne au prix d'une lutte et d'un combat volontaires. On peut faire le choix de la regagner chaque jour. Face à une telle douleur, l'unique solution pour aller mieux est de continuer à vivre, non parce qu'on le doit, mais parce qu'on le veut vraiment. La vie se gagne par un effort, il faut donc retrouver la force et l'envie de vivre grâce à des intérêts de vie.

La famille : savoir s'aimer les uns les autres

La famille a été la première à supporter les conséquences des symptômes modernes. La famille est malade. Combien de couples parviennent aujourd'hui à traverser la vie en restant unis ? Plus d'un enfant sur deux est enfant de divorcés. Il est donc temps de redéfinir ce qu'on entend par famille. Le schéma psychologique de référence est celui de la cellule familiale composée du père, de la mère et de l'enfant (si les enfants sont plusieurs, cela ne change pas pour autant leur symbole et leur place dans la famille). Chacune des personnes occupe une place, une fonction bien définie et hiérarchisée. Jadis, les sociétés antiques fonctionnaient à partir de l'image de la famille[1]. La famille était donc la référence : le père, comme le roi, représentait l'autorité suprême et avait un pouvoir absolu, la femme et l'enfant, comme les sujets, lui devaient obéissance et respect. Par ailleurs, la femme était considérée comme supérieure à l'enfant, qui devait la respecter et lui obéir[2]. Nous étions alors dans un contexte où la hiérarchie faisait office de loi ultime. Tout ce qui est du domaine des affects, des sentiments et des douleurs intérieures n'avait pas de réalité à l'époque.

De ce passé, la famille a conservé l'idée de « microsociété ». C'est dans cette première cellule que l'enfant va à la rencontre de l'Autre. Le père et la mère vont

1. Dans *La Politique* d'Aristote, la cité fonctionne à l'image de la famille, de manière hiérarchisée et structurée.

2. Ajoutons que l'étymologie nous ramène à *famulus*, qui signifie « serviteur ». Il semble donc que les membres de la famille soient au service des uns et des autres.

ainsi devenir les symboles uniques de la représentation de l'Autre. C'est en fonction de cet apprentissage – qui débute à la naissance et dure jusqu'à l'émancipation de l'enfant –, que la personnalité et le devenir d'un individu vont être façonnés. Freud a largement évoqué l'importance de notre constitution psychique dans notre période infantile. Mais il n'est pas question ici de décortiquer le rôle, la place et les affects de chaque membre de la famille. La famille doit être comprise comme un tout au sein duquel chaque personne doit être capable de trouver sa place et de s'affirmer. Bien souvent, l'idée d'une famille nombreuse évoque le terme de « tribu ». Or, la famille comme micro-société, comme tribu, a une destinée qui lui est propre et un mode de fonctionnement qui peut être mis en parallèle avec celui d'un individu singulier[1]. Mais aujourd'hui, on constate que la famille n'existe plus. Jusqu'alors, la cohésion des membres d'une famille était assurée par des liens de nature différente. Des liens d'amour qui unissaient les membres directs d'une famille et qui étaient renforcés par le mariage. Des liens de souffrances, lorsque les difficultés de la vie étaient dépassées par l'ensemble des membres d'une famille et que celle-ci en sortait renforcée. Des liens d'hérédité, qui plongeaient la famille dans le souvenir et une identité passée. Enfin, des liens d'intérêts lorsque chacun trouvait un intérêt particulier à vivre avec les autres.

L'ensemble de ces liens ont été rompus au XXe siècle, avec la perte de la foi. Non pas une foi religieuse, mais

1. De même qu'Aristote assimilait le comportement d'une cité à celui d'un individu sphérique aux multiples membres.

une foi dans les valeurs. Sans foi, il n'y a plus de loi. Respecter des valeurs, des règles est un principe inhérent à toute société, et dès lors que l'on ne croit plus en l'efficacité et en la nécessité de ces principes, ils finissent par disparaître. Or, la première loi de vie, c'est la famille, qui est loin de n'être qu'un socle naturel voué à la reproduction de l'espèce.

Aujourd'hui, incapables de faire l'effort de tendre vers l'autre, nous ne savons plus aimer. Nous sommes aliénés par cette attente affective à laquelle l'autre ne répond jamais assez. Cette attente est comme un cercle vicieux, une spirale infernale qui n'a pas d'autre fin que l'insatisfaction et la déception. Or, étant trop centrés sur ce manque affectif, nous devenons incapables de nous ouvrir aux autres et même de donner. Nous sentant lésés, nous finissons par nous endurcir et devenons incapables d'aimer.

La souffrance créée par le vide affectif doit être dépassée en se disant que nul ne saura combler ce manque constitutif et originel et que c'est une illusion de croire le contraire. Penser cela, c'est déjà faire un effort de la volonté. Nous devons retrouver en nous-mêmes la force de dépasser ce manque en nous ouvrant aux autres. Il faut être capable de se dire : « Je me sens vide, car je ne me sens pas suffisamment aimé, mais je ne renonce pas pour autant à aller vers les autres. Je veux être heureux et ce n'est pas en attendant d'être aimé par les autres que j'y parviendrai. » La volonté nous permet de mettre ce principe en application. C'est grâce à la volonté que ce qui est dit devient ce qui est agi, que dire et agir parviennent à se confondre.

Exemple n° 9 :
guérir d'un manque d'amour

Un cas fréquent est celui des enfants devenus les parents de leurs propres parents. La société, en perdant ses repères et ses valeurs au nom d'une pseudo-liberté, a surtout affaibli le socle familial. Combien d'enfants, aujourd'hui, portent des fardeaux qui ne sont pas les leurs ? Combien d'enfants vivent avec le poids d'une culpabilité qui ne leur appartient pas ? Ces enfants subissent une pression psychologique importante qui bien souvent devient insupportable, au point de les amener littéralement à *craquer*. Ces enfants cessent de travailler à l'école. En situation d'échec, ils essaient de continuer à exister dans une bande de copains qui saura les valoriser ; ils fuient le milieu familial, se recroquevillent et brisent les liens d'affection parentaux. Rien d'étonnant à cela, le fardeau familial qu'ils portent est devenu trop lourd. Inconscients de porter une telle responsabilité, leur seule chance de survivre est de se débarrasser du fardeau et de fuir le milieu familial. Mais les parents ne sont pas toujours suffisamment attentifs à ce genre de dérive et les enfants deviennent alors les interlocuteurs muets d'un monologue qui leur est inaccessible.

Je me souviens d'un jeune garçon de huit ans au caractère tellement difficile que ses parents, désemparés, ne savaient plus quoi faire. Divers examens médicaux et psychiatriques avaient prouvé que l'enfant n'était ni autiste, ni caractériel. Il était juste turbulent, capricieux et parfois violent. Personne n'était arrivé à comprendre ce dont il souffrait.

J'aime tout particulièrement m'occuper d'enfants, car ils n'ont pas encore totalement intégré les censures du langage : avec eux, une thérapie va donc beaucoup plus vite. De plus, il est fréquent de constater que, dans de nombreux cas, les parents viennent pour leur enfant, alors qu'ils devraient consulter pour eux ! C'est ce qui arriva cette fois-là. En écoutant la mère de ce jeune garçon me dire ses difficultés, j'entendis que cet enfant était « l'ange de la famille ». Je lui demandai alors des précisions. Elle m'expliqua que, depuis quatre générations, il n'y avait que des femmes dans sa famille : les femmes accouchaient de filles, qui à leur tour accouchaient de filles. Elle était la seule à avoir mis au monde un garçon, brisant par là le sort familial. Elle appelait son petit garçon son « trophée ». Ces mots révélaient plus que ce qu'ils semblaient dire. Rapidement, je compris quelle était l'origine des comportements anormaux du jeune garçon : le poids de l'hérédité. En peu de temps, cette femme avait transmis à son fils le malaise et la culpabilité familiale. Très jeune, l'enfant avait conscience de l'importance qu'il avait pour les siens. Il se comportait de manière odieuse et capricieuse, sachant très bien que *parce qu'il était un garçon* et un garçon *unique*, il serait pardonné. Mais il ne s'agissait pas uniquement d'un jeu narcissique dans lequel le jeune garçon prenait plaisir à torturer sa mère. En fait, son comportement appelait une réflexion bien plus profonde, dans la mesure où son message était une supplication adressée à sa mère : « Maman, brise le cercle familial et aime-moi pour qui je suis et non pour ce que je représente. » Les crises de cet enfant étaient des supplications pour que la mère renonce elle-même au modèle familial. Elle devait renoncer à considérer son enfant comme le « trophée familial », pour en faire *son fils*. Après quelques entretiens, je proposai à la mère de la recevoir exclusivement en cabinet, sans son fils. La thérapie fut un succès, mais j'avais aidé la mère à sortir d'une névrose familiale, et non l'enfant.

Reproduire des schémas familiaux ou des culpabilités sur ses enfants est fréquent. Les parents sont des êtres comme les autres : fragiles, faibles par moments et fatigués, aussi. On ne peut leur reprocher leur comportement involontaire ou leur manque de vigilance. Toutefois, il faut aussi être capable de se ressaisir quand on voit son enfant partir à la dérive. Il faut bien comprendre qu'un enfant *n'est qu'un* enfant. Qu'il soit fort, intelligent, mature, etc., il reste un enfant avec ses fragilités, ses attentes et ses douleurs intérieures qu'il ne sait pas toujours communiquer. Il faut aussi avoir conscience que, même adolescent ou jeune adulte, un enfant reste un enfant pour ses parents, qui, de fait, doivent se comporter comme tels.

La vacuité peut aussi atteindre l'autorité parentale. Or, c'est en baissant les bras devant la difficulté d'élever ses enfants que les problèmes commencent. Cette vacuité parentale est dangereuse, car sans qu'ils s'en rendent vraiment compte, ce que les parents abandonnent en étant dans le déni et le renoncement, ce n'est pas l'éducation de leur enfant, mais véritablement *leur enfant*. Ce que ressent l'enfant, c'est le rejet. Quand bien même la fatigue ou l'usure semblent envahir le quotidien familial, il ne faut donc pas s'avouer vaincu mais persévérer dans son rôle de parent. On ne naît pas parent, on le devient : nous devons apprendre à devenir parent pour que nos enfants puissent s'épanouir dans leur nature d'enfant. Vous devez permettre à vos enfants de vivre pleinement leur enfance, tant cette période est féconde pour le reste de la vie. L'enfance est un ciment sur lequel reposent les futurs choix existentiels, c'est pourquoi, elle doit être le plus possible empreinte de confiance, d'assurance et d'amour. C'est souvent à partir des désirs et des frustrations connus dans l'enfance que les intérêts de vie vont se construire. C'est pourquoi un enfant doit être traité comme un enfant : à chaque âge de la vie correspond une évolution de son psychisme, avec ses propres expériences, qu'il ne faut en aucun cas précipiter.

Cet exemple a pu nous montrer, d'une part, ce qui peut arriver lorsque la volonté parentale renonce et, d'autre part, l'importance de redresser cette volonté. Cet enfant n'était pas aimé pour lui-même, mais pour ce qu'il représentait. L'amour qu'on lui portait n'était pas gratuit. Un enfant ressent cela de manière très forte et ne peut réagir qu'avec violence ou caprice. Seul un effort volontaire de la part des parents a permis à cette famille de retrouver un équilibre harmonieux. Chacun a réaffirmé sa place et son rôle : l'autorité pour les parents et l'obéissance pour les enfants. De cette façon, l'amour redevient possible et on apprend à nouveau à vivre ensemble.

Mais trouver et affirmer sa place au sein de la famille relève d'une grande difficulté qui s'éprouve très tôt et qui dure par la suite : comment parvenir à être reconnu au sein de la fratrie ? Comment exister suffisamment dans le regard de ses parents ? Comment faire entendre sa voix ? Autant de questions qui demeurent souvent sans réponse pour un enfant et qui peuvent avoir pour conséquences des comportements excessifs (colère, agitation, régression affective, caprice excessif, etc.). Afin que chacun puisse s'affirmer et puisse être reconnu dans son individualité, les parents ont leur part de responsabilité. Comme le montre l'exemple suivant, ce sont les parents qui doivent imposer la place et le rôle de chacun dans la famille afin de préserver le respect et l'amour.

Exemple n° 10 : l'importance de l'éducation

Je me souviens d'avoir reçu en consultation un père de famille qui ne supportait plus son environnement familial. Cet homme avait pourtant tout pour être heureux. Ingénieur, il venait d'acquérir un joli appartement dans le centre de Paris. Il avait une femme charmante qu'il disait aimer et avait trois enfants « insupportables ». Il m'exposa le chaos qu'il découvrait chaque soir en rentrant du travail : maison désorganisée, hurlements, pleurs, discussions et « négociations » (selon ses termes) interminables. Cela se terminait toujours par une dispute avec sa femme. Cette situation l'affectait tant que, chaque soir, il reculait son retour à la maison, et qu'il en était venu à penser ne plus rentrer du tout. Cet homme semblait découragé, totalement impuissant face à la situation. Il manifestait un sentiment ambivalent entre le profond désir de fuir sa famille – désir qu'il n'assumait pas totalement – et la culpabilité d'un tel déni.

Le cas de cet homme n'est pas isolé et devient de plus en plus fréquent. Il est rare que dans de telles circonstances le couple résiste bien longtemps. La plupart du temps, cela s'achève par une rupture et une dissolution de la famille. Cet homme n'avait pas besoin d'une psychothérapie parce que le problème n'était pas en lui, mais provenait du contexte dans lequel il vivait. Il subissait le poids de son environnement, au point d'en être affecté profondément. Ce n'est donc pas l'homme qu'il fallait guérir, mais la famille elle-même. Je décidai, avec son accord, de convoquer l'ensemble de la famille. Je fis ainsi la connaissance de sa femme – elle aussi, complètement dépassée par la situation – et des trois enfants extrêmement désobéissants. Ce n'était clairement plus les parents qui géraient la famille, mais les enfants. Le terme de « négociation » employé par le père lors de notre premier entretien m'avait marquée. J'eus la démonstration de sa justesse dans mon cabinet : deux des plus jeunes enfants chahutaient et finirent par se disputer. Leur père leur demanda gentiment de s'arrêter. Aussitôt les enfants se moquèrent de lui en répétant ses paroles. La mère leur demanda alors d'être gentils avec leur père. Les enfants rirent fortement. Les parents se turent. Je priai alors les enfants de se calmer sous menace de les faire sortir. Par peur de se voir rejeter, les enfants s'apaisèrent. Les parents avaient renoncé à exercer leur autorité parentale. Chacun d'eux s'était isolé et enfermé dans un autre monde inaccessible, si bien qu'il n'y avait plus personne pour « diriger » la famille. En outre, les deux parents ne communiquaient plus entre eux. Le dialogue au sein de la famille était rompu. Il fallait l'instaurer à nouveau, en recréant chez chacun des membres la volonté de constituer une famille, l'envie de vivre ensemble.

Je demandai alors à l'assemblée s'ils s'aimaient les uns les autres. En chœur, ils répondirent tous que oui. Je me tournai vers la mère et lui demandai si elle aimait son mari. Elle me répondit que oui. Je demandai la même chose au père, et sa réponse fut identique. Ensuite, je les interrogeai sur la dernière fois qu'ils s'étaient avoué mutuellement leur amour. Aucun des deux ne put s'en souvenir.

Je me dirigeai alors vers les enfants et leur demandai à leur tour s'ils aimaient leurs parents. Ils m'assurèrent que oui. Je demandai aux parents s'ils aimaient leurs enfants, ils répondirent qu'ils les chérissaient de tout leur cœur. Je me tournai alors vers l'ensemble de l'assistance et je leur dis que leur père allait les quitter. Chacun parut interloqué. Les enfants se calmèrent net. Je leur précisai que, même s'ils semblaient tous s'aimer, ils ne parvenaient pas à vivre les uns avec les autres. Spontanément, le père lança que les enfants étaient insupportables, comme cherchant à se justifier. La mère retint son mari, et lui prit le bras. Elle venait de manifester une réaction qui venait du fond d'elle-même, elle qui jusqu'alors était toujours effacée et en retrait. Les enfants commencèrent à pleurer. J'interrogeai alors les enfants sur la raison de leurs larmes. « Pourquoi pleurez-vous, puisque vous n'écoutez jamais votre père quand il est là. Une fois qu'il sera parti, vous serez libres de faire ce que vous voulez. Il n'y aura plus personne pour vous empêcher de vous disputer. » Les enfants m'expliquèrent qu'ils avaient besoin de leur père (ce qui n'était pas forcément évident pour eux). Je questionnai alors la mère sur sa réaction. Elle dit sèchement : « On ne doit pas parler ainsi devant des enfants. » Je lui demandai pourquoi. Elle m'expliqua qu'elle craignait qu'une telle confrontation puisse les perturber. Je cherchai alors à savoir si elle désapprouvait l'attitude son mari. Elle me dit que oui. Puis je lui demandai ce qu'elle pensait de sa situation familiale. Elle cacha son visage dans ses mains et m'avoua qu'elle était trop fatiguée pour s'occuper de tout ; qu'en effet, à la maison tout était devenu sujet de tension et de discorde. Elle précisa qu'elle avait même pensé aller se réfugier chez sa mère. À ces mots, le père eut un sursaut. Ses yeux se mirent à briller. Il se leva et prit sa femme dans ses bras. Ils avaient eu tous les deux la même réaction. Et ils finirent par tomber d'accord sur le fait que leurs enfants leur gâchaient la vie, aussi difficile soit-il de s'avouer une telle chose.

Je m'adressai ensuite aux enfants et les questionnai sur ce qui les poussait à se disputer constamment. Ils m'expliquèrent que c'était un jeu pour eux. Avaient-ils conscience que ce « jeu » faisait pleurer leurs parents ? Ils répondirent qu'ils n'avaient jamais vu leurs parents pleurer. Je leur demandai s'ils voulaient voir leur famille détruite et vivre sans leur père. Après m'avoir confirmé qu'ils aimaient leurs parents, ils s'excusèrent auprès d'eux. La famille quitta mon cabinet. Toutefois, je manifestai mon désir de revoir ensemble les époux, lors d'un prochain rendez-vous. Les enfants avaient pris conscience de leur comportement, mais cela ne suffisait pas pour qu'ils changent d'attitude. Ils n'agissaient pas sans raison. Et ce qui leur paraissait n'être qu'un jeu était en fait un langage.

La semaine suivante, je reçus à nouveau le couple. Voici quel fut le déroulement de l'entretien :

Le thérapeute : — Comment se passe votre vie en famille depuis notre dernière entrevue ?

Le couple : — Les enfants se sont un peu calmés. Et ce qui est très positif, c'est que nous sommes parvenus à créer un dialogue tous ensemble.

Le mari : — Et puis, ma femme et moi, nous nous sommes retrouvés. En sortant de votre cabinet, la semaine dernière, j'ai pris conscience que ma femme avait eu la même envie de fuir que moi. Alors, j'ai décidé de réagir, de mieux m'occuper d'elle et des enfants. J'oublie parfois que je suis aussi son époux.

La femme : — Oui, le soir même nous nous sommes retrouvés comme au début de notre mariage.

Le thérapeute : — Tout cela semble en effet être très positif. On dirait que la situation est en train de s'apaiser. Pourquoi, à votre avis, vos enfants sont-ils aussi turbulents ?

La femme : — Ce doit être héréditaire… mon père avait aussi un fort caractère.

Le mari : — Oui, le mien aussi d'ailleurs ! Avec une telle hérédité, on ne peut s'étonner.

Le thérapeute : — À quels moments de la journée vos enfants sont-ils le plus difficiles ?

Le couple : — Le soir, de toute évidence. Au début, on pensait que c'était la fatigue de la journée. Nous avons même consulté des pédiatres. Mais parfois, quand nous rentrons plus tôt du travail, ils sont tout aussi insupportables.

Le thérapeute : — Vous avez tous les deux des horaires contraignants ?

Le mari : — Oui, mon travail me retient fréquemment jusqu'en début de soirée.

La femme : — Moi aussi, je suis secrétaire juridique et je dois souvent finir des dossiers.

Le thérapeute : — Qui s'occupe de vos enfants en votre absence ?

Le couple : — Nous avons engagé une étudiante qui va les chercher à la sortie de l'école, les aide à faire leurs devoirs, les baigne, les nourrit et parfois les couche. Mais aussitôt qu'on rentre, tout le monde se lève et c'est un chahut épouvantable pendant plus d'une heure.

La femme : — Moi, j'ai renoncé depuis longtemps à hurler, à me faire entendre d'eux. Je suis tellement épuisée en rentrant le soir !

Le mari : — Pour moi, c'est la même chose. Parfois on les met devant la télévision pour les calmer…

Le thérapeute : — Vous pensez que c'est une solution, la télévision ? Je vous pose à nouveau la question : à votre avis que *veulent* (il s'agit alors de faire prendre conscience aux parents des intérêts de vie de leurs enfants et de la famille) vos enfants en agissant de la sorte, alors qu'ils savent très bien qu'ils risquent de vous mettre en colère et d'être punis ?

Le couple : — Parfois on pourrait croire que c'est justement ce qu'ils cherchent : être punis !

Le thérapeute : — Pourquoi chercheraient-ils cela ? Cela n'a pas de *sens*…

Le mari : — Ils doivent chercher l'autorité.

Le thérapeute : — Justement, pourquoi des enfants auraient-ils besoin de chercher l'autorité ?

Le mari : — Parce que l'autorité est le rôle même des parents.

Le couple : — Nos enfants recherchent leurs parents. Ils ont besoin de nous.

Le thérapeute : — Je crois qu'à présent vous avez reçu le message que vous envoyaient vos enfants : ils recherchent la présence de leurs parents, quand bien même cette présence prendrait la forme de l'autorité. En forçant en vous l'autorité, ils sont rassurés totalement de votre présence.

L'entretien fut extrêmement fructueux. Voilà quelle était la véritable raison des scènes quotidiennes de leurs enfants. Ils cherchaient à retenir l'attention de leurs parents par n'importe quel moyen. Par conséquent, les parents, obligés de calmer leurs enfants, n'avaient plus de temps pour parler entre eux. À présent, chacun devait retrouver sa place dans la famille. Le couple devait faire figure d'autorité et les enfants devaient respecter la parole de leurs parents. En échange, les parents devaient réserver chaque jour à leurs enfants un temps qui leur serait totalement imparti. Enfin, il fallait également que le couple se retrouve « dans les secrets d'alcôve[1] ». Le père devait parvenir à s'affirmer aussi bien en tant que père qu'en tant que mari. La mère devait arriver à s'imposer devant ses enfants, quitte à les punir ; mais elle devait aussi travailler à ce que sa famille se réunisse le plus souvent possible. La famille a donc décidé d'instaurer un moment « sacré » dans la journée, auquel nul ne pourrait déroger : les retrouvailles quotidiennes lors du dîner. Le temps où chacun se nourrissait rapidement et de manière isolée était définitivement révolu. Aucun empêchement professionnel ne pourrait contredire cette nouvelle règle. Les parents firent le sacrifice de quelques heures de travail et la nounou fut congédiée plus tôt.

En peu de temps l'harmonie régna à nouveau dans cette maison. Chacun s'était libéré de l'autre et, par des efforts de volonté, tous étaient parvenus à retrouver un équilibre. La volothérapie conjuguée à l'effort de chaque membre est parvenue à dénouer une situation pesante pour tout le monde. Pour ce faire, il a été nécessaire d'ériger les règles de vie qui sont le cadre nécessaire au respect de toute individualité au

1. Selon les propos de Freud concernant la relation de couple, dans *Contribution à l'histoire du mouvement psychanalytique*, p. 77.

sein d'une communauté. En outre, la famille a trouvé un sens véritable, c'est-à-dire une raison d'être, une raison de se battre pour elle et une direction vers laquelle tendre. Chaque membre de la famille a trouvé sa place et un intérêt individuel par une reconnaissance comme membre de la famille. Aujourd'hui, chaque existence individuelle est affirmée, chaque membre fait partie de la famille tout en restant lui-même, sans sacrifier ses propres volontés.

Les règles de vie en famille

Toute personne vivant en communauté doit être capable d'apprendre à composer avec les désirs et les envies des autres. Rien n'est plus évident et, pourtant, rien n'est moins simple à appliquer, surtout quand les sentiments s'en mêlent. La famille reste un lieu particulier d'apprentissage, comme un repère vers lequel nous tendrons toute notre vie, essayant désespérément de dépasser ou de fuir le modèle de notre enfance ; mais elle est aussi une sorte de « geôle expérimentale » dont on espère sortir le plus rapidement possible. Ce sentiment paradoxal se produit à tout âge : dans la plupart des cas, un adolescent est bien chez ses parents, pourtant il n'aspire qu'à quitter le foyer dans le but de se « libérer » de la tutelle familiale ; de même un homme, après dix ou quinze ans de mariage, ne pense qu'à quitter les contraintes que représente pour lui la famille qu'il a pourtant décidé de construire ; ou encore, une femme ne peut avoir pour unique raison de vivre le fait de reproduire à l'identique les gestes de sa mère… Pourtant, il y a parfois des attitudes, voire des compromis qui peuvent réguler les attentes de chacun, afin de mieux vivre ensemble. Les règles de vie sont une sorte de contrat passé entre tous les membres de la famille.

Les **règles de vie** rejoignent les **intérêts de vie** dans la mesure où chacun a l'impression d'affirmer et de contenter sa volonté. Toutefois, il suffit que cette impression se transforme en obligation, que l'ambiance de la famille exige trop de sacrifice personnel pour que la volonté cesse de reconnaître son intérêt. Dans ce cas, les règles de vie se transforment en contraintes. Le membre de la famille qui en est atteint s'exclura lui-même de la communauté familiale pour ne pas tomber dans la vacuité affective. La suite, on la connaît : divorce, un enfant violent, désobéissant ou un enfant amorphe qui passe tout son temps libre coupé du monde, à jouer à des jeux électroniques la musique dans les oreilles…

Il faut donc instaurer très rapidement des règles de vie qui, comme toutes règles, devront être respectées sous peine de sanctions. Ces règles de vie établies et expliquées par les parents, représentent le fonctionnement de la famille : les heures de repas, le programme extrascolaire, les horaires de détente et ceux de présence avec la famille, les moments pour les copains, etc. Tout doit être régi de manière que l'enfant puisse faire le choix volontaire de respecter ces règles. Ainsi, quand il comprendra que ces règles sont bonnes pour lui, il décidera *volontairement* de les respecter. Il n'y aura donc plus de contradiction entre ce que *je dois* et ce que *je veux*. Les règles ne seront plus une contrainte, mais deviendront l'expression de la liberté et du bien-vivre.

Assuré d'un cadre familial auquel il peut se référer comme du souci et de l'intérêt parental à son égard, l'enfant se sentira protégé par ces règles de vie. Il s'agit d'un autre moyen de parvenir à sortir du vide affectif et de la difficulté à s'affirmer dans la famille, comme l'illustre l'exemple suivant :

Exemple n° 11 :
l'adolescent aux choix de vie incompris
ou comment rétablir le dialogue au sein de la famille

Je me trouvais un soir chez des amis que je connaissais depuis longtemps. Au moment de passer à table, je m'inquiétai de l'absence du fils de la famille, qui devait être âgé de dix-neuf ans. La mère me répondit qu'à la suite d'une altercation avec son père, il s'était enfermé dans sa chambre depuis le début de l'après-midi.

« Si tu savais comme cela a été difficile ! Pierre est devenu très violent quand il a appris la nouvelle. Il n'avait jamais été comme ça. Je ne l'ai pas reconnu. Il a crié, il l'a insulté. Il ne comprenait pas que son fils puisse lui annoncer une telle chose. Moi non plus, je ne comprends pas.

— Mais que vous a-t-il annoncé pour que la scène soit aussi violente ? lui ai-je demandé.

— Il nous a dit qu'il voulait arrêter ses études pour faire du théâtre. Tu t'imagines, après que son père et moi nous sommes privés pour lui donner son éducation et des meilleures, après les professeurs particuliers et les écoles privées.

— Quelle a été la réaction de Julien aux propos de son père ?

— Il n'a rien dit, il est resté là sans bouger à nous fixer tous les deux, comme s'il voulait nous faire payer quelque chose. Je voyais dans ses yeux de l'indifférence, du vide. »

Le lendemain, je reçus la visite de Julien. Il s'assit dans un fauteuil et, très calme, fixa un objet sur mon bureau. Je lui demandai s'il allait mieux depuis son altercation. Pas de réponse. Avait-il mangé depuis la veille ? Toujours pas de réponse. Un silence froid et interminable parcourait la pièce et Julien ne réagissait pas. Le choc avait été si violent en lui, tellement contenu, qu'il ne parvenait pas à dépasser sa douleur, comme si l'angoisse qu'il avait vécue était si forte qu'elle avait opéré en lui une sorte de barrage, au travers duquel rien ne pouvait passer. Mais je savais qu'il entendait. Je devais lui parler. Méthode peu orthodoxe en thérapie que celle du monologue du thérapeute, mais je ne voyais pas d'autre solution pour rétablir le dialogue. Je devais trouver le moyen de susciter en lui la volonté de parole. Et que cette volonté soit assez forte pour briser le barrage qui le contenait dans cet état morbide de vacuité.

Je lui tins alors les propos suivants :

« Ta mère m'a entretenue de l'altercation entre ton père et toi. Je sais que tu t'es opposé aux choix qu'il avait faits pour toi. Je sais aussi qu'il a réagi très violemment envers toi. Hier j'ai vu ta mère pleurer, et je suppose que tu l'as vue aussi. Pourtant, je crois que tu as bien fait. Je pense que ta réaction est *normale*. »

Aussitôt, il leva sa tête vers moi et me fixa. Il ne parlait toujours pas, mais me regardait avec intensité. Son regard en disait plus que toute parole. Je poursuivis :

« Tu as dix-neuf ans, tu es un homme. Et un homme doit s'affirmer. Un homme n'a pas peur de dire ce qu'il pense, même s'il se trompe. Tu as agi comme un homme. Mais il est logique que ton père ait été étonné de te découvrir sous cet angle. Ton père et ta mère pensent avoir “leur fils” à la maison et non un homme. Or, toi, tu en as marre de n’être que “leur fils”, tu as envie d’exister en étant Julien. C’est pourquoi ta réaction est normale, car chaque enfant qui grandit, comme une sorte de mue, abandonne sa peau d’enfant pour s’affirmer dans sa peau d’adulte. Toutefois, ce changement n’est pas facile à accepter, aussi bien du côté de l’enfant que de celui des parents. Est-ce que tu crois être devenu un homme, Julien ?

— Oui. »

Julien m’avait répondu. Il avait retrouvé la voix, parce qu’il avait retrouvé *sa voie*. Son chemin était un chemin naturel, celui qui consiste à devenir adulte. Le problème n’était pas de son côté, mais du côté de ses parents. Julien avait fait un choix pour la première fois de sa vie et ses parents l’empêchaient d’en être responsable. L’entretien put enfin commencer.

« Pourquoi veux-tu changer d’orientation ?

— Je suis en prépa et je ne supporte plus l’ambiance, la concurrence avec les autres et l’acharnement des profs. Je n’aime pas ce que je fais.

— Qu’est-ce que tu aimes ?

— J’aime le théâtre depuis toujours. Sans que mes parents le sachent, je me suis inscrit dans une troupe et je joue depuis deux ans et demi. C’est ce que je veux faire. C’est *ma voie*.

— Tu sembles très sûr de toi. Est-ce que tu n’as pas peur de passer à côté de quelque chose en interrompant tes études ?

— Non. Sans le théâtre, je ne suis rien. Seul le théâtre permet d’exprimer qui je suis. *Il me donne la parole...* »

Ces propos ne pouvaient être plus clairs. Le théâtre lui donnait une place existentielle, là où ses parents la lui refusaient. Cette voie et cette voix étaient celles qu'il s'était choisies. Le théâtre était son intérêt de vie. À présent, il devait dépasser l'obstacle représenté par son père. Je repris :

« Puisque ta décision est prise, que comptes-tu faire pour tes parents ?

— Ils ne comprennent pas, ils ne me laisseront jamais faire du théâtre, alors je partirai. J'irai dormir chez des copains de la troupe et je ne reviendrai plus jamais.

— Tu sais bien que tu ne peux pas faire cela. Est-ce que la fuite est la conduite d'un homme ?

— Non.

— Et toi, Julien, tu es un homme. Alors, que ferait un homme en de semblables circonstances ?

— Il parlerait à ses parents.

L'aphasie était rompue. Il parlerait à ses parents. J'ajoutai :

— Et que crois-tu que tes parents pensent de toi ?

— Ils doivent être très déçus.

— Crois-tu qu'ils aient des raisons de l'être ?

— Oui et non. Oui, parce que je n'aurai pas le métier qu'ils ont choisi pour moi et, non, parce que je sais que je prends la bonne décision.

— Quel est le métier qu'ils avaient choisi pour toi ?

— Ils voulaient que je sois économiste.

— Et penses-tu que tu aurais été heureux en étant économiste ?

— Oh, ça non !

— Ne crois-tu pas que tes parents préféreraient te voir heureux en étant acteur, plutôt que malheureux en étant économiste ?

— Oui, je crois qu'ils préféreraient me voir heureux.

— Alors, ne peux-tu pas dire que, d'une certaine façon, ils sont *déjà* d'accord avec toi, bien qu'ils ne le sachent pas encore ?

— Vu sous cet aspect, c'est vrai. En fait, il ne me reste plus qu'à les convaincre.

— Et que va-t-il se passer si ton père s'exaspère et qu'il s'énerve contre toi ?

— Soit je décide de lui expliquer que ce choix de vie m'appartient, que je ne me trompe pas et que c'est ce que je veux faire au plus profond de moi. J'essaie de le convaincre. Soit je le laisse crier et je reste ferme devant lui, sans l'affronter, en prenant acte de ses mots, sans en tenir compte pour autant. En affirmant ma vie avec ou sans son consentement.

— Seras-tu capable à présent d'affronter ton père en face ?

— Je crois que oui. De toute façon, c'est à ce prix que je parviendrai à réaliser mon objectif. Je suis prêt à me battre pour cela. »

L'entretien s'acheva ici. Il avait été concluant. La volothérapie avait permis à Julien de prendre conscience de ses intérêts réels de vie.

La première des règles de vie, est précisément celle qui consiste à préserver les intérêts de vie de chacun. Seule la volonté intérieure motivée par des intérêts réels permet de débloquer une situation qui fait souffrir. Affirmer sa volonté tout en respectant des règles de vie est un moyen de vivre heureux ensemble. Sans oublier que c'est par la pédagogie que passe le respect de l'autorité. Ce jeune homme a puisé en lui la force de dépasser une situation qui lui faisait peur, car il a compris qu'il devait avoir davantage peur de perdre sa vie que de décevoir son père. Sa crainte première a été dépassée par une crainte bien plus conséquente, puisqu'elle devenait vitale. Encore une fois, cette capacité à relativiser une situation pour juger de ce qui est réellement essentiel est importante. Elle est aussi un effort de la volonté.

Mais la difficulté à se faire entendre ou le manque d'autorité parentale ne sont pas les causes majeures de destruction de la famille. La plupart du temps, la famille disparaît parce que le couple lui-même se dissout. Et souvent ce qui détruit les couples comme ce qui les crée, c'est le sexe.

ÉROS EN FAILLITE
LA VOLOTHÉRAPIE AU SECOURS DU DÉSIR

Être un couple suppose des liens d'une autre nature que ceux simplement physiques ou sentimentaux. C'est un équilibre entre le désir sexuel et le désir d'amour, très difficile à trouver. Il arrive que la sexualité devienne secondaire dans le couple, comme par exemple après une naissance, ce qui peut mettre en péril l'équilibre du couple. Le sexe est primordial dans la bonne entente du couple, il est bien souvent l'expression d'une relation. Les fondements du couple reposent donc à la fois sur des liens d'amour et sur une sexualité épanouie.

Mais on peut faire un diagnostic inquiétant : celui de la **vacuité sexuelle** que connaissent les couples modernes. Dans *Sexe mécanique*, le philosophe Dominique Folscheid décrit la crise contemporaine de la sexualité : « Quand il s'agit d'indiquer les éléments composants le bonheur des Français, les enfants viennent en tête, le couple suit après, la famille arrive bien placée, l'amour fait un triomphe, alors que le sexe obtient un résultat étonnamment décevant (...). Faut-il pour autant poser un diagnostic de crise ? (...) La situation de la sexualité est forcément plus complexe, puisqu'elle est d'emblée constituée sur le mode de la division. C'est ce que nous indique l'étymologie : le latin *sexus* est issu du verbe *sacarer* qui signifie "couper". Mais on sait aussi que cette coupure-là est la condition de tout un ensemble de liens. Sans cette division fondatrice, il n'y aurait pas de sexualité du tout[1]. » Pour la volothérapie, cette crise sexuelle s'étend aux valeurs intrinsèques au couple. Il faut donc redéfinir ce qu'est un couple à partir des perturbations qu'il connaît et lui donner une place nouvelle à partir du contexte social dans lequel il évolue.

La volothérapie propose différentes actions de la volonté :

1. Faire un effort pour imposer les liens du couple et s'affirmer en tant qu'« entité couple » au sein de la famille.
2. Faire un effort pour inventer le désir.

Les liens du couple

Il faut que la volonté de chaque partenaire se souvienne des liens qui les unissent. De la force de ces liens émerge une troisième volonté, qui n'est ni tout à

1. Dominique Folscheid, *Sexe mécanique*, La Table ronde, Paris, 2002, pp. 11-13.

fait celle de l'un, ni tout à fait celle de l'autre, mais bien la VOLONTÉ DU COUPLE. C'est alors que cette volonté indépendante doit arriver à s'imposer dans la vie personnelle de chaque partenaire, mais aussi au sein de la famille. En parvenant à créer cette volonté indépendante et en l'affirmant de manière autonome, le couple sera préservé. En outre, le désir est le ciment du couple ; il transforme la simple tendresse en amour. Or, pour parvenir à conserver le désir des premiers moments, il faut littéralement « persévérer » dans son couple. Ce qui signifie faire un effort volontaire pour aller vers l'autre au quotidien : un effort d'amour et un effort « physique ». Déjà dans l'Antiquité, les vestales – gardiennes du foyer – devaient surveiller nuit et jour que le feu du temple ne meure pas ; de la même manière, il dépend de nous de surveiller que le feu de l'amour reste vivace. Il faut être capable de se souvenir des liens qui fondent le couple et de les préserver. Surveillance qui passe par une attention constante à l'autre et par l'effort de dialogue. Le couple doit s'entretenir mutuellement et ce n'est pas parce qu'on se dit « oui » un jour que le couple existera toujours. Cela ne dépend que des choix que l'on fera et de la façon dont on va guider notre volonté et la volonté propre du couple.

Le désir façonne la volonté du couple. Mais il est fragile et souvent bien difficile à identifier. Pourtant, **c'est en alimentant la dynamique du désir que la volonté sera en marche**. Que reste-t-il du désir dans les couples d'aujourd'hui ? Comment la volothérapie peut-elle insuffler l'effort de persévérer dans le désir de l'autre ?

Inventer le désir

Le couple est donc lié par un contrat implicite. Mais il l'est aussi par un accord explicite : le mariage ou le concubinage. Au sens propre du terme, le couple copule[1]. Le sexe est un trait d'union entre deux corps. Il unit, mais il désunit aussi. Ce qui met le couple en péril, c'est la fin du désir, lorsque véritablement « *éros* est en faillite ». Ce qui implique que l'homme moderne ne sait pas ce qu'est le *sexe* ni la *sexualité*. La majorité de mes consultations repose sur un problème de libido, et il n'est pas nécessaire d'aborder cette question sous l'angle freudien pour bien cerner le problème.

La vacuité sexuelle est d'origine existentielle et c'est pourquoi elle relève de la volothérapie. Généralement, quand un partenaire souffre de frustration sexuelle, sa première réaction est de se tourner vers lui-même en s'accusant d'être la cause de l'insatisfaction, développant à tort des symptômes de culpabilité et de responsabilité. Mais, bien souvent, il suffit d'entamer un dialogue entre les partenaires afin que chacun puisse donner son point de vue sur la situation, afin de susciter cette volonté du couple. Dans ce cas, la volonté du couple se définit non pas comme une recherche de jouissance à tout prix, mais davantage comme la recherche de la jouissance du couple. Selon la volonté du couple, cette jouissance peut prendre plusieurs formes : celle des caresses, celle de la tendresse, de la compréhension. Pas nécessairement celle du coït. D'une manière générale, il revient à chaque couple de

1. Le latin *copula* désigne tout ce qui sert à attacher, les liens, ou encore l'union, la liaison.

définir le visage de sa volonté et de façonner le corps de son désir.

Examinons le couple suivant qui est parvenu à imposer sa propre volonté et à sortir de la vacuité sexuelle.

Exemple n° 12 :
l'homme aux fantasmes inassouvis
ou comment dépasser la vacuité sexuelle

Récemment, j'ai vu arriver dans mon cabinet un homme désabusé et impuissant devant la frustration qu'il rencontrait dans son couple. Cet homme était marié depuis une dizaine d'années, il aimait tendrement sa femme, mais celle-ci ne lui donnait pas ce qu'il attendait sexuellement. Cet homme était entraîné par la dynamique du plaisir et, moins il recevait, plus il demandait. Or, plus il demandait, moins sa femme le comblait. Cette situation durait depuis des années, et depuis peu, cet homme aux principes et à l'éducation très stricts se sentait devenir infidèle. Il tombait régulièrement amoureux des femmes qu'il rencontrait et sur lesquelles se portaient ses fantasmes les plus forts. Cet homme n'était pourtant jamais encore « passé à l'acte ». Il aimait sa femme, voulait la garder, lui être fidèle, et parvenir à se détacher de ses fantasmes et de ses désirs sexuels. Mais il sentait qu'il ne résisterait plus très longtemps.

Cet homme me confia qu'au début de leur rencontre sa femme était plus libérée, mais qu'une fois mariés, elle semblait avoir renoncé à la sexualité. Cet homme vivait dans la nostalgie de ce qu'il avait connu avant que le mariage ne vienne briser sa plénitude sexuelle. Comment pouvait-on dénouer cette situation ?

Nous devions parvenir à recréer le désir dans le couple en péril. La sexualité mettait ce couple en péril, mais il ne s'agissait pas seulement d'insatisfaction sexuelle. Sans quoi, il aurait suffi que cet homme se satisfasse avec d'autres partenaires, ce qui ne l'aurait pas aidé. Le sexe lie et délie. En l'occurrence, il ne suffit pas qu'il y ait rencontre des sexes pour qu'il y ait lien. L'abstinence n'implique pas l'absence de liens. Encore une fois, la volothérapie allait venir au secours de cet homme. Rapidement, il prit conscience que les femmes dont il croyait tomber amoureux n'étaient que la représentation de ses fantasmes. Il découvrit qu'il n'en aimait qu'une seule, pour laquelle il avait fait la démarche d'aller chez un thérapeute, sa femme. Dès lors, il cessa de tomber amoureux et le flux de son désir se concentra sur un seul objet : reconquérir sa femme. Le couple devait sortir de la vacuité dans laquelle il était tombé depuis des années. Pour ce faire, il fallait recréer la volonté d'être à nouveau deux, de réinventer le couple. Je proposai donc à cet homme de reconquérir sa femme. C'est ce qu'il fit. Il ménagea des week-ends surprise ; il lui offrait des fleurs sans raison sous les yeux ébahis de leurs enfants ; il fut tendre et affectueux sans être pour autant insistant. La situation s'améliora considérablement et j'encourageai les efforts de mon patient. En déplaçant son attention exclusivement sur sa femme, je lui permis de centrer son désir sur un objet qu'il possédait déjà sans le savoir. De plus, comme il avait pris l'habitude d'exiger et perdu celle de donner, sa femme se sentit rapidement à nouveau désirée. Mais le nœud n'était pourtant pas totalement délié. Malgré la très bonne volonté du couple de se retrouver, il manquait encore un élément essentiel.

Lors d'un entretien, l'homme m'avoua aussi que sa femme était devenue pudique depuis des années. Je découvris alors que ce qu'il prenait pour de la pudeur était en fait un terrible complexe physique. Sa femme ne se sentait pas bien dans sa peau. Après son second enfant, elle n'était pas parvenue à retrouver son corps de jeune fille. Depuis, elle avait mis une croix sur sa féminité. Elle refusait donc toute jouissance par et pour son corps. De fait, elle était incapable de donner à son mari le plaisir qu'elle s'interdisait. Elle ne tenait pas à me consulter, et je ne pouvais donc pas l'aider. Par contre, son mari allait être d'un grand secours pour l'aider à s'épanouir. Je lui conseillai donc de complimenter régulièrement sa femme sur les zones de son corps qu'elle n'aimait pas. Chose qu'il n'avait jamais faite depuis leur mariage. Cet homme prit alors conscience de l'importance qu'il avait pour sa femme. Peu à peu, elle s'ouvrit à lui. Elle venait de trouver la confiance dans le regard de l'autre et celui-ci la rassurait sur elle-même. Son mari allait devenir un miroir dont elle ne pourrait plus jamais se passer. Les conséquences sexuelles ne se firent pas attendre. Cette femme réservée s'épanouit et s'éveilla à la sexualité.

Il fallut beaucoup de paroles et de dialogue au couple pour que cet homme connaisse à nouveau le plaisir tant désiré. Mais il était déjà comblé. Il était parvenu à recréer le désir entre lui et sa femme ; un désir qui ressemblait à celui de la première rencontre. Leur couple était sorti de la vacuité par la volothérapie, parce qu'ils étaient parvenus à redéfinir ensemble leurs intérêts de vie.

À travers cet exemple, nous avons pu voir comment la volothérapie s'est portée au secours du désir. Cet homme a su recréer l'Éros de son couple et, par là même, en réaffirmer la volonté commune. Le désir est le moteur de la volonté et il faut être capable de le maintenir. Désirer un gâteau au chocolat, une voiture neuve n'est pas la même chose que désirer un homme ou une femme. Pourtant, le terme reste le même. Le désir est partie intégrante de la constitution d'une personne. C'est le moteur même de la volonté : je désire manger et aussitôt la volonté me permet d'atteindre la nourriture (elle meut mon corps, elle permet d'atteindre ce que je désire). Par ailleurs, le désir n'est pas seul à mouvoir ma volonté ; en effet, le désir est toujours désir de quelque chose. Le désir ne se suffit pas à lui-même et pour qu'il y ait dynamique du désir, il faut qu'il y ait objet désiré. Or, ce que veut le désir plus que tout, c'est être satisfait. Autant dire que le désir va mouvoir la volonté, pour posséder l'objet de ses désirs. Dans une relation amoureuse, la volonté est donc mue par le désir de quelqu'un. Et c'est précisément à ce niveau que les problèmes apparaissent. On oublie trop souvent qu'aimer, c'est être et non pas avoir. Malheureusement, lorsqu'on désire quelqu'un, bien souvent, on désire avant tout le posséder.

Ainsi, le désir pousse la volonté à la possession de l'autre et tue ainsi sa liberté. Cette liberté qui permet par ailleurs à l'amour de l'autre *d'être*. Sans liberté, l'autre finira par être aliéné au désir. C'est la fin de l'amour. Or, cette dynamique du désir est très fréquente dans les couples modernes qui ne sont motivés que par le *désir de possession*. Ce qui aboutit à un paradoxe : en cherchant à tout prix à satisfaire son désir, on finit par détruire le désir au sein du couple. L'exemple qui précède en était une illustration : cet homme cherchait à satisfaire son propre désir (en l'occurrence celui d'être sexuellement satisfait) à défaut d'entretenir le désir au sein de son couple. En laissant tomber son couple dans la vacuité, et en ne s'intéressant qu'à sa propre satisfaction, cet homme avait fini par tomber lui-même dans la vacuité, n'étant nulle part satisfait. La volothérapie lui a permis de réorienter son désir vers ce qui avait un sens profond. En déplaçant son désir personnel sur celui de son couple, cet homme a découvert un désir qu'on ne peut assouvir : l'amour qui lie le couple. Et ce désir est une véritable dynamique qui s'autoalimente : plus il désirera sa femme, parce qu'il l'aime, plus il aura envie de l'aimer, et continuera à la désirer.

À la différence des désirs immédiats qui sont souvent de l'ordre de la pulsion, le désir suscité par l'amour et qui se retrouve au cœur d'un couple ne peut jamais être assouvi s'il n'est entretenu par la volonté. Car, ne l'oublions pas, un désir qui finit par posséder son objet disparaît aussitôt ; au moment où ce désir est rassasié, il n'a plus d'objet sur lequel se porter et meurt. C'est pourquoi, pour entretenir le désir dans un couple, comme le moteur de l'amour, il ne faut jamais chercher à posséder, mais il faut chercher à tendre vers l'autre, à orienter toute la force de son vouloir vers ce qu'on désire tout en le laissant exister. Il ne faut jamais tuer le désir, mais le rendre volontaire.

IV

Le rapport aux autres
Guérir de la vacuité sociale

La **vacuité sociale** est un véritable symptôme que peut soigner la volothérapie. Nous sortons à présent totalement du champ des affects, comme celui de la famille, pour entrer dans celui des représentations et des modes d'être.

La vacuité sociale marque l'apparition d'un nouveau genre de phobie et de stress. Très souvent inspirée par une impression d'échec et résultant d'un manque de confiance en soi, elle peut détruire une carrière ou nuire à l'épanouissement professionnel. Plus largement, la vacuité sociale s'apparente à l'ensemble des rapports aux autres. Elle peut également, par voie de conséquence, faire son apparition dans des cercles d'amis ou encore au sein de la famille. Mais c'est généralement au travers des relations les plus anonymes, comme le domaine du travail, qu'elle est le plus fréquente. Avant toute chose, tentons de définir en quoi l'autre peut être source de souffrance et le contenu de notre relation à l'autre.

Les autres sont la première cause de stress : un patron exigeant, un banquier tyrannique, des clients pressés et insatiables ou encore un collègue incompétent et diffamateur. En fait, les autres et d'une manière générale l'Autre sont face à nous. Nous butons sur l'Autre chaque fois que nous manifestons un désir ou une volonté. C'est pourquoi un des buts majeurs de la volothérapie est de parvenir à dépasser l'obstacle que représente l'Autre dans la réalisation de la personne.

Comme on l'a vu, l'Autre est d'abord un miroir qui nous renvoie une image de nous-mêmes. Or, cette image ne correspond pas à la sensation intérieure que l'on peut avoir de soi ; ce qui crée un désaccord, un malentendu et une incompréhension. Son regard peut devenir terrorisant par moments.

Ensuite, l'Autre est un juge. Celui qui déterminera une conduite, éthique et morale, à adopter dans la vie. Ce juge, même si on cherche à le gruger, est toujours plus fort.

L'Autre est nécessaire. Fidèle à l'exemple de « l'insociable sociabilité » évoquée par le philosophe Kant, les hommes ne peuvent vivre seuls et cependant ont du mal à vivre ensemble. Paradoxe plus ou moins difficile à dépasser.

Enfin, l'Autre, c'est la société avec son ensemble de codes et de normes. La société qui, selon les jours, est accueillante ou dévorante.

Bien que nous aspirions à nous réaliser sans les autres, ceux-ci sont néanmoins les moyens mêmes de notre réalisation. Nous ne sommes rien sans les autres. Et pourtant, les autres sont souvent un obstacle à notre réalisation. Comment parvenir à rester soi-même devant le regard anthropophage de l'Autre ? Comment se libérer de l'Autre ?

Cette libération peut passer par différentes phases :

On peut par exemple décider d'apprivoiser l'Autre par l'amitié, comme le préconise Aristote, ou encore par le contrat, comme le mentionnent Hobbes ou Rousseau. On peut aussi adopter l'attitude inverse et déclarer la guerre au monde entier. Le résultat est incertain, mais peut aussi être libérateur. Il y a également la solution de vivre dans l'ignorance de l'Autre en suivant son propre chemin.

Face à la vacuité sociale, la volothérapie propose plusieurs attitudes à adopter qui dépendent toutes de la volonté :

1. Vouloir oser : affirmer sa volonté dans son environnement social.

2. Vouloir obtenir satisfaction dans le milieu professionnel : s'imposer une réussite pour soi et non pour les autres.

3. Vouloir sortir de l'angoisse du quotidien : dépasser la vacuité du quotidien, sa fadeur, son ennui et sa monotonie apparente.

4. Vouloir la gestion du temps et de l'espace : faire en sorte que le temps et l'espace ne soient plus des données mais des volontés ; prendre le temps et choisir le lieu de notre existence.

5. Vouloir la solitude plutôt que la subir.

VOULOIR OSER

Deux mondes, deux regards : Moi et Toi. Je et Tu. Deux êtres desquels est née l'Humanité. Le monde, comme le multiple, commence à deux. Deux, c'est aussi l'origine du mal, de la guerre et de la destruction :

au final, il n'y a toujours qu'un seul vainqueur et qu'un seul vaincu. Tout peut se réduire à une relation à deux : moi et le monde. La vie est alors une sorte de lutte à mort où le trophée n'est rien d'autre que la vie elle-même : on ne gagne rien mais on peut tout perdre. Et ce que l'on a de plus précieux à perdre, c'est soi. Le regard de l'autre est d'autant plus aliénant qu'il nous confère une identité et une humanité. Notre présence dans le monde est nécessairement une présence corporelle. Je suis moi pour le regard de l'autre en tant que l'autre me saisit avant tout comme corps. Or, le paradoxe veut que cette image corporelle donnée à l'autre, je ne peux la saisir. En effet, je ne me vois pas exister corporellement et matériellement dans le monde ; je me *sens* exister au mieux. Ce qui implique que l'image objective que j'aurai de moi sera essentiellement celle qu'un miroir me renvoie. Miroir d'autant plus étrange qu'il s'agit ici du regard glacialement objectif de l'autre. C'est aussi de ce miroir[1] que dépend l'idée physique que j'aurai de moi. De plus, le regard de l'autre va aussi être un regard moralisateur et englobant. Comme l'œil de Caïn, l'autre me scrute et m'épie afin de juger le moindre de mes gestes. Sartre disait qu'il n'y a de honte que pour l'autre[2]. Il est certain que sans juge, ma conduite pourrait être différente. L'autre me confère donc une humanité sous son regard, en m'associant à la société et en accréditant ma

1. À ce propos, on peut rappeler l'importance du *Stade du miroir* mis au jour par Jacques Lacan dans *Les Écrits*. Ce dernier rappelle combien la prise de conscience de notre corporéité – que Lacan date entre treize et dix-huit mois – paraît essentielle dans la constitution du sujet.

2. Sartre, *L'Être et le Néant*, Gallimard, Paris, 1943.

conduite. Pourtant, cela ne permet pas d'être heureux. On peut être intégré dans tous les milieux, être reconnu au sein de sociétés importantes, avoir une vie sociale et familiale harmonieuse, tant qu'on choisit de vivre sous le regard et la bénédiction de l'autre, on ne peut être heureux. Saint François de Sales avait une maxime très efficace à ce sujet : « Ne jamais rien demander ; ne jamais rien refuser. » Si l'on s'en tient au propos du saint, il ne faut rien exiger d'autrui et seulement être capable d'accepter ce qu'il nous propose.

Rien n'est plus simple et pourtant rien n'est moins évident à réaliser. La difficulté vient du fait que ce que l'on exige en premier de l'autre, c'est de l'amour. Toute forme de reconnaissance, toute demande, tout regard est, en soi, une demande d'amour. Le philosophe allemand Max Scheler disait en ce sens que « l'amour de l'autre est aussi originaire que l'amour de soi[1] ». Ce que l'on cherche au fond, ce n'est ni une accréditation, ni un consentement, ni même de l'admiration, mais de la compassion. Ce sentiment d'amour qui montre combien l'autre participe à ce chemin de croix qu'est la vie. La relation que nous avons avec nos parents, avec nos enfants, avec nos amis, avec notre patron ou nos employés ; celle que l'on entretien avec notre boulanger, notre coiffeur ou encore avec le chauffeur du bus, est une relation d'amour. Mais un amour déçu, un amour non partagé, un amour avorté, car jamais cet amour ne parvient à combler *tout* le vide

1. Max Scheler, *Six essais de philosophie et de religion*, trad. P. Secretan, introd. H. Urs Von Balthasar, Éditions Universitaires de Fribourg, Suisse, 1996, p. 20.

affectif qu'il nous arrive de ressentir. Ce manque, né de l'incompréhension originelle de l'autre à compatir à soi, est une profonde source de déception. Cette déception première et implicite que l'on vit chaque jour dans notre rapport au monde est la cause de nombreux troubles du comportement et de changements d'humeur.

En fait, chaque jour nous faisons l'expérience du vide affectif qui nous entoure. Un vide qui nous place devant un fait accompli : on est toujours seul. Par définition, l'autre est toujours *autre* que soi. Il faut donc apprendre à vivre avec soi-même. Pour ce faire, il faut parvenir en premier lieu à maîtriser cette image que justement on ne possède pas et dont l'autre est le détenteur. Nous devons être assez fort pour dépasser le jeu constant de séduction que nous entretenons en permanence (là encore, dans le but d'être aimé). Pourtant, risquer de séduire l'autre en jouant soi-même un jeu est le meilleur moyen de se perdre soi-même, comme l'a montré le cas de « l'homme aux papillons ».

Par ailleurs, nous devons nous constituer une image intérieure assez solide pour faire face aux assauts extérieurs.

Exemple n° 13 :
la mère au foyer ;
oser imposer aux autres ses intérêts de vie

Il est très difficile de s'affirmer quand on ne dépend d'aucun autre regard que celui des membres de sa famille. Un jour, je reçus une femme qui se présenta à moi comme « mère au foyer ». Elle m'expliqua être tombée dans une telle vacuité, qu'elle ne supportait plus de s'occuper des siens. Sa vie lui semblait fade, elle ressentait de manière profonde et symptomatique le **vide existentiel.** Elle disait que sa vie n'avait plus de saveur, plus de goût. Elle m'assurait ne plus avoir envie de rien. Elle alternait entre des états d'humeur agressive et d'autres littéralement aphasiques[1]. Elle était tout le temps fatiguée, comme usée par la vie. On aurait eu tort d'y voir là les prémices d'une dépression, car en fait cette femme décrivait les symptômes de vacuité et de vide existentiel. Ses relations sociales s'étaient appauvries au fil des années, sacrifiées pour son mari. Sa propre famille était loin et il ne lui restait plus qu'à s'occuper de ses enfants et du ménage, ce qui l'ennuyait profondément. Elle confessa passer tous ses après-midi à regarder la télévision en attendant que ses enfants rentrent de l'école. Ces derniers étaient d'ailleurs devenus assez grands pour aller voir des copains après la sortie des cours et faire leurs devoirs tout seuls. Elle se sentait de plus en plus inutile. Quant à son mari, ses horaires de travail ne lui donnaient que peu de temps libre, si bien qu'il consacrait ses seuls moments passés au foyer à son repos personnel. D'une voix désespérée, elle m'expliqua qu'une fois passé l'aspirateur et fait les courses, préparé le dîner et fait la lessive, le temps lui paraissait devenir « élastique à n'en plus finir ».

Je lui demandai de m'expliquer pourquoi elle venait consulter un volothérapeute. Ne pouvait-elle pas trouver toute seule une activité qui la tirerait de son ennui ? Elle m'indiqua que sa souffrance dépassait amplement le simple caprice : elle vivait très mal l'abnégation,

1. Perte de la parole. L'aphasie est l'état dans lequel on ne *peut* plus parler.

voire la négation de sa personne dans son milieu familial. Elle avait l'impression que tout le monde se servait d'elle, sans jamais la considérer en elle-même et pour elle-même. Cet état lui faisait si mal qu'elle avait même songé à se suicider. Je voyais cette femme très lucide sur son cas. À l'entendre, je compris aussi qu'elle n'était pas vraiment suicidaire. Elle ne trouvait simplement plus de solution ni d'issue pour sortir de sa situation. Il fallait donc qu'elle apprenne à trouver en elle-même le **contentement existentiel** nécessaire à toute vie.

La découverte de ce contentement naît d'un effort volontaire, ou plus précisément de l'effort et de la volonté de vivre – une certaine forme de ce que le philosophe Schopenhauer appelait le « vouloir-vivre ». Effectivement, on continue à vivre parce qu'on en a envie et qu'on y trouve un certain contentement, une certaine satisfaction. C'est là une dynamique nécessaire. Mais trop souvent, on s'imagine que ce contentement provient et dépend des autres : par exemple d'une promotion au travail, d'une personne qui nous aime, d'une appréciation positive… Bref, le contentement se trouverait par la recherche de reconnaissance dans le regard de l'autre. Et vivre dans l'espoir d'être reconnu par les autres est un leurre. C'est aussi la meilleure façon de s'éloigner du véritable contentement existentiel. C'est le meilleur moyen de perdre sa liberté et d'être aliéné par le jugement tout-puissant de l'autre. C'est conférer à autrui une puissance qu'il ne demande pas et qui nous prive de toute action propre : « Suis-je certain de faire comme il faut ? Vont-ils apprécier ? Est-ce que ce que j'ai dit ou fait est bien ? » Autant de questions qui ne font qu'affirmer la véritable dépendance aux autres, dépendance qui dans certains cas peut devenir une véritable addiction. C'est aussi une manière de perdre totalement confiance en soi et par conséquent de se perdre soi-même. Cette femme devait être capable, d'une part, de trouver en elle-même des raisons suffisantes pour avoir envie de vivre ; et, d'autre part, de cesser de rechercher dans le regard de l'autre une reconnaissance qui ne viendrait jamais combler son attente. En somme, cette thérapie allait s'attaquer à deux volets : tout d'abord rechercher les **intérêts de vie** qui donneraient à cette femme une « motivation-à-être » ; et, d'autre part, découvrir un contentement existentiel qui ne dépendrait que d'elle et qui lui redonnerait confiance en soi. Le monde contemporain est si exigeant que parfois on peut être soi-même, sans le savoir, la cause de notre propre souffrance.

À raison d'une séance par semaine, cette femme est arrivée à retrouver en elle un rêve qu'elle avait mis de côté dans sa vie depuis bien longtemps : écrire des livres sentimentaux. Qui aurait pensé qu'elle était passionnée par les romans à l'eau de rose, au point de rêver d'en écrire, elle qui s'était si longtemps persuadée qu'elle en était incapable et qu'elle était condamnée à errer entre la salle à manger et la cuisine ? Ayant présenté son manuscrit à un éditeur, celui-ci s'est empressé de lui signer un contrat. De ce jour, parce qu'elle avait puisé en elle ses véritables intérêts de vie, parce qu'elle n'avait compté que sur elle-même, elle a trouvé un épanouissement dans son existence qu'elle n'aurait jamais pu imaginer. Ce contentement-là est inébranlable : ni le regard de l'autre, ni le doute ne peuvent l'entacher, car il est l'expression même de soi. Cette femme a compris combien on pouvait arriver à exister sans chercher nécessairement la reconnaissance extérieure. Elle avait imposé aux autres et à elle-même des choix qui étaient l'expression profonde de son désir. Elle était comblée, car elle avait répondu à un appel intérieur. Elle m'avoua même que les relations avec son mari étaient devenues beaucoup plus passionnées car, désormais, elle incarnait pour lui les nombreux fantasmes qu'elle décrivait dans ses romans.

Cette femme avait fait le pari d'oser être elle-même, ce qui en soi peut paraître simple, mais qui reste très complexe à réaliser.

Pour être libre, vous devez faire l'effort de vous imposer et de défendre vos intérêts de vie. Cette lutte volontaire permet de vivre en accord et en paix avec soi-même.

Depuis notre naissance, nous ne cessons de supporter le poids de l'éducation familiale, les énoncés de la tradition ou encore la transmission de valeurs auxquelles nous ne participons pas directement. Or, nous ne sommes pas Atlas pour supporter le monde sur nos épaules. Aussi n'est-il pas étonnant que nous nous écroulions sous un tel fardeau. S'écrouler signifie avant tout renoncer. Renoncer à lutter pour vivre, à lutter pour vaincre cette vacuité d'être qui nie en permanence ce que nous sommes. Et pourtant, notre devoir est de revendiquer au monde entier notre sujet existant et réalisant : il s'agit de **se réaliser pour réaliser sa vie**. Ce n'est pas en s'enfermant dans une coquille, à l'abri du regard jugeant de l'autre, ou en évitant les soucis du quotidien, que l'on parviendra à s'affirmer.

En quoi s'affirmer, se réaliser peuvent-ils apparaître comme un véritable devoir d'existence, comme une nécessité ? Il ne s'agit pas de répondre à cette question en faisant appel à des exigences naturelles propres à la condition humaine, car la réalisation que j'évoque n'est pas simplement la réalisation de la condition humaine, mais la réalisation de soi, en tant que sujet singulier et unique. S'affirmer et se réaliser sont importants dans la mesure où un individu doit se sentir reconnu pour se sentir exister. Cette reconnaissance ne peut passer que par l'autre et donc dans la sphère sociale, comme je l'ai expliqué. Sans l'Autre, l'individu aurait l'impression de n'exister que pour lui-même au point de douter de sa propre existence ; au point de se demander si tout cela n'est pas un rêve. La confiance en soi est en quelque sorte l'essence du moteur que constitue la volonté dans nos actions. Sans elle, nous doutons. Et chacun sait combien le doute est paralysant, combien il empêche d'agir. Il faut donc cesser de douter pour passer à l'acte. Passer à l'acte, c'est-à-dire exister en soi et pour soi. Pour ce faire, une seule solution : sortir du solipsisme[1] et entrer dans le monde. Voici comment se définit le passage du « je n'ose pas » au « j'ose ». Ce passage se passe de tout discours, il est action, plus que réflexion : parce que je veux, j'ose !

L'exemple suivant nous donne une autre illustration de l'importance du « passage à l'acte », quand l'*impuissance* se transforme en *puissance*.

1. Le solipsisme est l'attitude qui consiste à affirmer que la seule réalité est la réalité intérieure, celle où les autres n'existent pas.

Exemple n° 14 :
le phobique ou quand la peur empêche de vivre

Prenons le cas d'un cadre supérieur qui, à force de doutes, avait développé une forme de paranoïa et une paralysie existentielle. Pour l'aider, je lui proposai logiquement d'effectuer peu à peu le passage de *je n'ose pas* à *j'ose*. Le passage à l'acte ne s'effectue pas d'un seul coup et il faut du temps – quasiment pas après pas – pour passer d'un état à l'autre. Pour commencer, je lui conseillai de s'exercer dans son environnement familial qui, comme on l'a vu, peut être comparé à une microsociété. Nous décidâmes ensemble de rédiger une liste des frustrations que cet homme rencontrait chez lui : l'impuissance devant le comportement désobéissant de ses enfants, l'incapacité à se faire respecter de sa femme, l'inaptitude à trouver du temps pour lui, etc. Peu à peu, il prit conscience de la manière tyrannique dont sa famille se comportait avec lui. Il se sentait sans cesse bafoué, floué, rompu. Et cela durait depuis des années sans qu'il ne s'en rende compte. Cet homme avait tout simplement pris l'habitude de courber l'échine, de se plier par amour pour les siens ; mais aussi par faiblesse. Nous devions donc comprendre pourquoi il avait accepté un tel comportement durant toutes ces années. Je lui demandai :

« Pourquoi avez-vous choisi de vous « plier » aux exigences de vos enfants et de votre épouse ?

— Je ne l'ai pas choisi.

— Si, vous avez choisi d'accepter, plutôt que de vous élever contre une telle situation. Sans quoi, aujourd'hui, vous ne vous sentiriez pas devenu *étranger pour vous-même*.

— J'ai agi comme je pensais qu'il fallait agir.

— Est-ce qu'agir "comme vous pensiez qu'il fallait agir" est la même chose qu'agir comme vous le souhaitiez réellement ?

— Non, je pensais qu'il était de mon devoir de père et de mari d'agir ainsi.

— Et vous dans tout cela, où vous situez-vous ?

— Comme père et mari.

— Et où est l'homme ? Existe-t-il entre le père et le mari une place pour l'homme que vous êtes ?

— L'homme que j'étais a disparu quand je me suis marié.

— Qu'en avez-vous fait, de *cet homme-là* ?

— J'y ai renoncé depuis longtemps. Je pensais que se marier demandait un sacrifice.

— Jamais le mariage impose de renoncer à qui l'on est. Au fil des années, vous avez perdu votre identité. Vous avez oublié que vous êtes un homme, avec ses désirs, ses choix, ses envies. Vous vivez avec un étranger à l'intérieur de vous-même. Et aujourd'hui, c'est cet "étranger" qui refait surface. Il demande à reprendre le contrôle de votre vie, il demande à prendre la parole. Alors, allez-y, parlez…

— Vous avez raison, je sens en moi comme une rage profonde qui parfois me donne envie de hurler. J'ai envie de dire au monde entier qui je suis, comme un adolescent. Mais je n'ai jamais eu le courage de le faire.

— Osez exister. Osez révéler au monde cet homme que vous cachez depuis trop longtemps. Pour commencer, vous devez vous interroger sur le désir qui vous est le plus cher dans l'existence et que vous n'avez jamais pu accomplir.

— Je me souviens, il y a longtemps, je ne connaissais pas encore ma femme, je rêvais de devenir sculpteur.

J'avais un don pour ça. Mais avec la vie, je n'ai jamais eu le temps de créer.

— À présent, prenez ce temps. Installez chez vous un atelier et recommencez à façonner, à bâtir une œuvre : *votre œuvre.*

— Mes enfants ne me laisseront jamais. Ils crient sans arrêt.

— Qui est le père ? À qui de faire régner l'autorité chez vous ?

— C'est vrai, c'est à moi. Je serai ferme désormais. »

L'entretien fut décisif. Je revis mon patient la semaine suivante. Il avait établi une grille de programme, des « règles de vie » pour chaque membre de sa famille, de manière que chacun respecte le temps de l'autre. Il avait également commencé à mouler de l'argile. Il se sentait mieux, plus sûr de lui car, pour la première fois depuis longtemps, il avait fait entendre sa voix, sa voix intérieure, celle qui le définissait.

Mais il restait encore à œuvrer pour que cette attitude puisse s'exprimer dans le monde professionnel. Nous évoquâmes alors la reprise du travail après ses vacances. Je lui demandai pourquoi des doutes étaient venus le submerger dans son environnement professionnel, à ce moment précis de son existence.

« Je ne savais plus quoi faire, je n'arrivais plus à savoir si ce que je faisais était bien ou mal. J'avais perdu tout repère. Mes collaborateurs ont donc vite senti mes faiblesses et dès que quelqu'un se présentait à moi, j'angoissais à l'idée de ne pas être à la hauteur.

— À votre avis, quelle est l'origine de cette angoisse ?

— J'avais peur de décevoir.

— De décevoir qui ?

— Mon patron, sans doute.

— Est-ce vraiment votre patron que vous aviez peur de décevoir, ou n'est-ce pas plutôt vous que vous craigniez de décevoir ?

— C'est vrai, cela fait quelque temps que je ne me supporte plus, car je ne me sens pas à la hauteur. D'ailleurs, avec ma femme, c'est la même chose. Cela fait quelque temps que je n'assure plus.

— Pensez-vous qu'il puisse y avoir un lien entre cette incapacité à satisfaire votre femme et les doutes que vous émettez dans votre travail ?

— Oui, c'est possible. En fait, je crois que j'ai commencé à douter de moi le soir où je ne suis pas arrivé à faire l'amour à ma femme. Elle m'a dit que ce n'était pas important, mais moi j'ai eu l'impression d'être mort ce jour-là, que j'avais disparu, que je n'étais plus moi-même. Je ne me suis pas reconnu. Maintenant que vous m'y faites penser, oui, il y a certainement un lien. »

Lors des séances suivantes, nous sommes parvenus à la conclusion que la « panne » qu'il avait eue avait fait jaillir en lui l'angoisse plus profonde causée par le refoulement de sa personnalité pendant des années. Comme une larme, cette panne l'avertissait que cela ne pouvait plus continuer. En reprenant confiance en lui – c'est-à-dire en arrivant à s'affirmer aussi bien dans son milieu professionnel que familial –, ce patient est passé de l'état de *je n'ose pas*, qui supportait tout ce qu'on lui imposait sans rien dire, à l'état du *j'ose* m'affirmer et me réaliser, *j'ose* être moi-même. Faites vous-même l'expérience d'oser affirmer vos décisions, défendre vos idées, exprimer vos désirs face à vos proches, ou à votre environnement professionnel. Vous sentirez rapidement un soulagement, une libération intérieure. C'est très simple et efficace. Ce patient n'avait plus **peur d'être lui-même**, et d'exister tel qu'il l'avait décidé. Le travail accompli fut énorme et décisif dans sa vie.

VOULOIR OBTENIR SATISFACTION DANS LE MILIEU PROFESSIONNEL

Le contexte professionnel est un monde à part. C'est un univers hostile qui peut être assimilé à l'état de nature : les hommes s'abandonnent à leurs instincts, agissent sous le couvert de leurs intérêts égoïstes, sont souvent « sans foi ni loi » et leur seule motivation est de vaincre la concurrence. Perspective triste, néanmoins réaliste. Ce qui a pour conséquence que, bien souvent, le travail apparaît comme la première des contraintes dans la vie. Or, comment parvenir à être heureux quand on passe la moitié de sa vie à être contraint ? Quel sens prennent nos intérêts de vie ? Comment parvenir à s'épanouir quand on se compromet et qu'on se nie en permanence ? Autant de choses qui semblent totalement contradictoires.

Ce que propose la volothérapie est de transformer cette contrainte en liberté, de faire en sorte que le contexte qui nie notre nature et notre identité finisse par les reconnaître et les respecter. Et comme, encore une fois, il est impossible de changer le monde, il est préférable de se changer soi-même.

Analysons un exemple typique d'insatisfaction en milieu professionnel et tentons de comprendre comment, grâce à un effort volontaire, on parvient à transformer une aliénation en liberté, une insatisfaction en satisfaction.

Exemple n° 15 :
le cadre supérieur
ou la perte d'orientation existentielle

Un cadre supérieur ne parvenait plus à s'affirmer dans son entreprise. Malgré son expérience, les responsabilités qui lui étaient confiées et l'ensemble du personnel sous ses ordres, il avait perdu ses repères. Il avait constamment l'impression de ne pas se faire entendre ni respecter, par sa hiérarchie comme par ses employés. À force de supporter ce qu'il pensait être des attaques contre lui ou des ragots, il était devenu tellement suspicieux que cela se ressentait dans son travail. À tel point que le DRH de son entreprise l'avait convié à prendre une semaine de vacances pour qu'il fasse le point avec lui-même, sans quoi des sanctions seraient prises. Cet homme semblait épuisé nerveusement. Il était humilié.

Toutefois, les conséquences de cette histoire allaient plus loin, puisqu'il n'arrivait plus à avoir de rapports sexuels avec sa femme. Il venait donc me consulter pour deux raisons qui pourtant n'avaient qu'une cause unique. Ce cadre supérieur n'arrivait plus à s'affirmer dans son travail et les répercussions s'appliquaient à sa virilité. Nous devions, ensemble, lui permettre de retrouver les moyens de se réaliser, à la fois professionnellement et dans son identité. Peu à peu, cet homme apprit à retrouver confiance en lui, en s'imposant dans son milieu professionnel. Il ne passait plus à côté des ragots tête baissée, mais il osait affronter les regards et les critiques, avec fierté et dignité. En affirmant sa parole et en imposant ses propres choix, ses collègues finirent par le regarder autrement – parce que justement lui-même se regardait autrement. Bientôt, sa femme se mit à en faire autant. En s'imposant dans sa vie sociale et professionnelle, il était parvenu à s'imposer dans sa vie affective. Cet homme était à nouveau satisfait.

La satisfaction sociale peut prendre plusieurs aspects qui vont de l'obtention d'une promotion ou d'un poste important à la mise en place d'un horaire aménagé qui permet de passer moins de temps au travail. Toute satisfaction n'est qu'affaire d'intérêt de vie. Les difficultés apparaissent quand ces intérêts de vie ne sont pas clairement définis, ce qui ne peut conduire qu'à l'insatisfaction. Il s'agit donc de définir ses objectifs et d'orienter la volonté en vue de leur réalisation.

Une autre forme de vacuité sociale est celle qui s'apparente à l'angoisse du quotidien. Par définition, est quotidien ce qui revient chaque jour de manière incessante et répétitive. Peut-on imaginer une pire forme d'aliénation que le fait d'être prisonnier de l'habitude ? Comment faire pour se sortir de l'ennui redondant du quotidien ? Comment faire pour briser la vacuité d'être et parvenir à trouver un épanouissement dans la société ?

VOULOIR SORTIR DE L'ANGOISSE DU QUOTIDIEN

Le symptôme le plus courant du syndrome de vacuité est l'**angoisse du quotidien**. Ce type d'angoisse est défini par le sentiment que l'on éprouve lorsqu'on a l'impression que notre quotidien est vide. Ce que Viktor Frankl, le thérapeute fondateur de la logothérapie, nomme « vide existentiel » est souvent caractérisé par **un ennui permanent**. Cet ennui est un symptôme apparent de la vacuité. Un des aspects les plus représentatifs de l'angoisse du quotidien est ce qu'on appelle la « névrose du dimanche ». Le dimanche, certaines personnes souffrent d'ennui et d'inertie de façon chronique. Elles sont enfermées en elles-mêmes, prisonnières du temps, d'un lieu, de la contingence. La volothérapie propose de nombreux moyens pour surmonter ce phénomène et les souffrances qu'il engendre. En effet, pour sortir de l'angoisse du quotidien, il faut parvenir à remplir le « vide » que constituent les habitudes ou l'ennui. Or, pour remplir ce vide existentiel, il faut retrouver de véritables intérêts de vie assez puissants pour vouloir briser ce quotidien. Ces intérêts de vie peuvent être très différents selon les personnes : pour certains, il peut s'agir de trouver l'âme sœur, pour d'autres de se découvrir une passion trop longtemps oubliée ou encore de réaliser une œuvre… Les intérêts de vie sont la raison pour laquelle on vit. Cette raison, bien que vitale, reste néanmoins secondaire dans notre existence et c'est précisément ce qui peut déclencher des souffrances profondes, comme en témoigne l'exemple suivant.

Exemple n° 16 :
la femme divorcée atteinte
par la « névrose du dimanche »

Un jour, une femme charmante d'une quarantaine d'années se présente dans mon cabinet et se plaint de souffrir d'angoisse. Divorcée, elle vit sans enfant. Je lui demande de décrire le type d'objet sur lequel se portent ses angoisses et de quelle manière elles se manifestent. Elle se met alors à pleurer et m'avoue qu'elles ont lieu surtout le week-end, quand elle se retrouve toute seule, car la semaine, avec son travail, elle n'a pas le temps d'y penser. Ses angoisses se présentent sous la forme de crises de larmes et de tentations morbides. Elle a l'impression que sa vie est un échec et, dans ces moments-là, une seule idée lui vient : « À quoi bon continuer ? »

Il est évident que cette femme éprouve une terrible solitude, mais celle-ci n'est pourtant pas à l'origine de son mal. Elle poursuit en m'expliquant que ses crises la font tellement souffrir qu'elle angoisse durant toute la semaine à l'approche du week-end. Sa vie est devenue un véritable cauchemar : à l'angoisse du dimanche, s'est ajoutée la phobie de l'angoisse, une sorte d'angoisse à l'idée d'angoisser. Elle est comme prisonnière d'un cercle vicieux. Il ne me fallut pourtant pas longtemps pour faire admettre à cette femme que son quotidien pouvait changer, si elle le voulait.

Dans ce genre de situation, il n'est nullement question de modifier sa vie pour autant. Il suffit simplement d'être capable de changer le regard qu'on porte sur l'existence pour avoir l'impression que rien n'est plus pareil, que tout est différent et mieux. Changer la manière d'appréhender sa vie peut conduire réellement à l'améliorer.

J'ai peu à peu amené cette femme à comprendre qu'elle était la seule à pouvoir transformer les choses et que, si cette situation était devenue insupportable, il suffisait qu'elle décide de la modifier. Cette prise de conscience s'est effectuée notamment grâce au travail sur le carnet de bord.

Je lui dis simplement :

« Si cette situation est pour vous réellement *invivable*, mais que malgré tout vous *survivez*, pourquoi alors en changer ? Je suis obligée de constater que ce que vous vivez n'est pas aussi terrible que ce que vous prétendez.

— Oh si, c'est terrible ! me lança-t-elle avec emportement. Vous ne comprenez pas ce que je vis, c'est un enfer. »

J'étais enfin parvenue à susciter chez elle une réaction volontariste contre son état. Elle s'insurgeait. Et cette violence qu'elle tournait contre moi devait être orientée à l'encontre de sa propre situation. Bien qu'en colère, elle manifesta le désir de continuer quelques séances avec moi. Je lui donnai alors son exemplaire du carnet de bord et lui demandai simplement de répondre aux questions posées de la façon la plus objective et la plus juste. Ce qu'elle allait écrire devait correspondre à qui elle était. Je lui précisai qu'une page était consacrée à chaque séance et qu'elle était entièrement libre de sa réponse. Il ne fallut que quelques entretiens et quelques analyses du carnet de bord pour transformer la colère que générait son calvaire dominical en envie de se battre. Au fil de nos entrevues, cette femme était parvenue à poser sur son carnet de bord les réels objectifs qui lui donnaient davantage envie de vivre que de mourir. Elle avait dressé un bilan de vie et pris conscience de ses intérêts de vie. Sa révolte intérieure était devenue une arme redoutable qui avait permis de renverser la douleur. Mais encore fallait-il qu'elle parvienne à se révolter. C'est ce qu'il y a de plus difficile à réaliser dans notre société. C'est aussi ce qui est à l'origine de ces nouveaux symptômes qui gâchent le quotidien.

Au terme de nos entretiens, cette femme est arrivée à surmonter son angoisse en *décidant* de ne plus être passive devant sa propre vie, de ne plus être spectatrice de son propre spectacle. En mettant en scène son quotidien, en s'interrogeant sur ses désirs propres, elle a perdu l'impression que sa vie lui échappait. À présent, elle occupe la majorité de ses week-ends à œuvrer dans une association humanitaire. En constante relation avec les autres et en donnant de soi, elle a trouvé la force en elle-même de lutter contre sa souffrance pour parvenir à un bien-être et à un équilibre intérieur. Parce qu'elle a réagi et qu'elle est sortie de sa torpeur, elle n'est plus atteinte de vacuité ; désormais, elle est sereine parce qu'elle a retrouvé en elle des intérêts de vie qui lui correspondent réellement.

Pour sortir de sa léthargie et apprendre à réagir par un effort volontaire, il faut parvenir à redéfinir et à retrouver en soi des intérêts de vie. Le quotidien n'est que le reflet de nos choix, libre à nous de le modifier. Encore une fois, il ne suffit pas de vivre. Il faut le vouloir !

Vouloir la gestion du temps et de l'espace

Une autre source d'angoisse très importante est celle que génèrent **le temps et l'espace**. Le temps et l'espace sont la condition de toute vie. L'espace est ce dans quoi le temps peut se déployer. Le temps est ce qui donne la conscience de la vie humaine.

Temps et espace déterminent malgré nous le chemin de notre vie.

Le temps nous est donné de la naissance à la mort. Il est souvent matérialisé dans les consciences communes par un sablier dont le sable commence à s'écouler dès notre premier souffle. Le temps symbolise la vie, mais aussi la mort. Chaque jour qui passe porte en lui le poids de l'irréversibilité. Ce qui est scellé dans le temps est enfermé à tout jamais dans le livre des souvenirs. Nous n'avons donc pas le *choix* de pouvoir revenir en arrière. Et ce choix que nous n'avons pas est néanmoins lourd de conséquences dont nous sommes, par ailleurs, les légataires universels. Le présent a en charge le passé et le propre de la vie est d'être capable d'assumer des actes passés. Vivre, en ce sens, c'est apprendre à être responsable de son passé. Les mythes de la Grèce antique voyaient dans le temps un dieu, Cronos, qui dévorait ses enfants. Aujourd'hui, plus que jamais, ce monstre sacré dirige nos existences et c'est contre lui qu'il faut à présent apprendre à se battre.

Or, rien n'est moins simple que d'affronter son passé, pour la bonne raison que nous n'en avons pas toujours le souvenir ni la conscience. Dès lors, comment parvenir à donner un sens au présent quand on ignore sur quoi repose ce présent ? Comment construire un avenir sur des fondements invisibles ? D'autant plus que l'importance du passé est bien plus grande encore. En effet, nous ne sommes *que* notre passé. Notre personnalité est la résultante de l'ensemble des expériences que nous avons vécues et des décisions que nous avons prises tout au long de notre vie. Le présent n'est plus alors que cet instant insaisissable qui ne saurait nous décrire ; quant au futur, il n'existe pas encore. Nous ne sommes donc *que* notre passé. Et le passé, malheureusement, fuit dans l'obscurité de la mémoire et dans les dédales de l'inconscient.

Aujourd'hui, l'appréhension de l'espace et du temps est source de stress car y sont associées les idées de rendement et d'échéance. La volonté se trouve prisonnière d'un temps qui n'est pas le sien. En effet, le temps intérieur, celui de la conscience, n'est pas le même que celui de l'extérieur, celui des horloges. L'expérience du souvenir nous montre combien la sensation intérieure du temps varie[1]. Attendre un bus pendant cinq minutes peut paraître très long, alors que passer cinq minutes avec quelqu'un qu'on aime peut sembler un court instant. La volothérapie travaille précisément sur les variations de la perception du temps. Lorsque le temps devient un facteur angoissant, cette angoisse est liée à la manière dont on le perçoit intérieurement. L'angoisse se porte sur la durée et non sur le temps physique.

Aussi, quand une échéance importante se profile, au lieu de commencer à angoisser en se disant que « nous n'aurons jamais le temps de finir », au lieu de regarder sa montre en se paralysant au risque de tomber dans la vacuité, on ferait mieux de consulter sa volonté. Face à une échéance, il faut rationaliser le temps et le fragmenter en petites échéances, qui symboliseront les petits efforts qui permettront de réaliser la totalité de notre œuvre. Il faut *prendre* le temps, plutôt que craindre de le perdre !

1. Cette distinction entre un temps intérieur et un temps extérieur a été mise au jour par le philosophe Henri Bergson.

Exemple n° 17 :
l'étudiant stressé
ou comment apprendre à dépasser l'angoisse du temps

Les symptômes issus de l'angoisse du temps et de l'espace sont différents de ceux que l'on peut rencontrer avec les névroses du dimanche. Je reçus dans mon cabinet un jeune étudiant qui se plaignait de souffrir d'étouffements incontrôlables à l'approche des examens universitaires. Après avoir fait toute une série de contrôles médicaux, les médecins lui avaient certifié qu'il ne souffrait d'aucune pathologie. Il s'agissait donc d'un symptôme somatique. Ce type de somatisation est fréquent chez les étudiants à la veille de leurs épreuves. L'angoisse de l'échec paraît alors insurmontable et crée des sensations physiologiques diverses, telles que des maux de ventre, de tête, l'impression d'être malade, des insomnies, etc. Mais dans ce cas, c'était un peu différent car l'étudiant subissait ces étouffements une semaine avant l'examen, c'est-à-dire pendant la période de révisions. Ce qui causait généralement son échec le jour J, car il n'avait jamais assez de temps pour réviser. Je lui demandai comment il se sentait à la veille de l'épreuve : il me répondit qu'il était serein, car il savait que l'échec était inévitable puisqu'il n'avait pas suffisamment révisé. En le questionnant sur son mode de fonctionnement, j'appris qu'il lui suffisait de penser aux cours qu'il devait apprendre pour qu'il commence déjà à suffoquer. Il me confia que le travail lui semblait insurmontable dans le temps qui lui était accordé pour les révisions. Il me parut évident que ce garçon était atteint de vacuité : prisonnier du temps, il lui était devenu impossible de réviser. Sa volonté d'action se trouvait paralysée. Le temps était pour lui une telle source d'angoisse qu'il ne parvenait pas à la dépasser, ce qui expliquait la sensation d'étouffement, comme quelqu'un qui suffoquerait entre les quatre murs d'une cellule trop étroite pour respirer. Là encore, le temps et l'espace sont liés. Je proposai donc à ce garçon de **prendre le temps de compter le temps**. Et je lui conseillai, lors de sa prochaine crise d'étouffement, de s'asseoir ; de compter à haute voix les secondes qui s'écoulent, et de respirer lentement jusqu'à ce que la crise passe. Lors de la séance suivante, il m'avoua que le temps lui avait paru long pendant sa crise, mais que celle-ci avait fini par disparaître. Je lui conseillai alors de renouveler l'expérience aussi souvent que nécessaire et de ne plus penser à ses révisions. Au bout de quelques semaines, les crises somatiques s'étaient grandement espacées. Et le jeune garçon avait pris conscience du temps. C'est-à-dire que le temps avait pris pour lui une autre dimension : ce n'était plus le temps qui était susceptible de le conduire à l'échec, mais le temps qui était capable de le guérir. Il ne restait plus qu'à lui apprendre à occuper *spacialement* son temps en lui imposant un programme de révisions. Le jeune homme avait appris à gérer son temps, et en focalisant son attention sur son programme de révisions, il n'avait plus à porter ce souci en lui. Il avait trouvé la volonté de se libérer de sa prison intérieure.

L'intérêt de vie doit être pris en considération dans la lutte contre la vacuité. Il représente le but ultime de toute existence : être heureux. Mais le bonheur, s'il est le but choisi, s'il est le sens que l'on donne à sa vie, n'en est pas moins différent pour tous. Chaque personne est unique et, en cela, le bonheur de chacun reste à déterminer individuellement. La difficulté consiste justement à le définir, à lui donner une forme pour qu'on puisse l'atteindre. Combien de personnes arrivent au crépuscule de leur existence s'en s'être une seule fois interrogées sur leurs intérêts à vivre ? Trop nombreux sont ceux qui regrettent quand il est trop tard, quand, justement, il n'est plus temps. Aussi, savoir gérer son espace et son temps revient à donner un sens à son existence et à maximiser son intérêt de vie pour être heureux.

Par ailleurs, la vacuité ne s'attaque pas uniquement à la gestion du temps et de l'espace, ni au vide du quotidien. Elle est aussi présente quand on a l'impression que la vie ne nous a pas offert toutes les chances auxquelles on avait droit. L'un des maux les plus douloureux du siècle est incontestablement celui de « solitude ».

Vouloir la solitude

Je disais précédemment que la solitude était devenue le mal du siècle, tant les conséquences qu'elle engendre peuvent paraître dramatiques. La solitude est souvent vécue comme une sorte de « punition » qui condamnerait à l'exil celui qui en souffre. La solitude marginalise parce qu'elle ne décode pas les rapports que peuvent connaître ceux qui sont socialisés. Toutefois, il existe une infinité de cas de solitude différents :

la solitude d'une personne âgée n'est pas la même que celle que peut connaître un adolescent ; la solitude d'un homme n'est pas vécue de la même manière chez une femme, etc. Pourtant, si les cas diffèrent, la souffrance reste la même. J'aborderai ici le cas du célibataire d'âge moyen. Le célibataire souffre d'une forme particulière d'abandon. Il ne s'agit pas directement d'un manque affectif parental ou d'un manque de socialisation et, fréquemment, le célibataire est très souvent entouré d'amis. Or, on peut se sentir très seul tout en étant dans une foule dense. Les autres ne comblent pas de la même façon que l'Autre. L'Autre avec un grand A ; un grand A, comme le grand Amour. Aussi simpliste soit-elle, cette équation n'en est pourtant pas moins vraie. Elle dénonce à elle seule le malaise affectif dans lequel est plongé le célibataire. Ce que recherche le célibataire, c'est avant tout le grand amour. Que l'on songe au succès du *Journal de Bridget Jones* ou encore à celui des *Poupées russes*, avec l'exemple du trentenaire à la recherche désespérée du « Grand A ». Ce sont des illustrations parfaites des attentes de notre société. Les exigences affectives ne suffisent pas à elles seules à combler l'attente amoureuse ; encore faut-il que « l'âme sœur » corresponde aux critères des idéaux collectifs. Rapidement, on peut dire que l'idéal d'une femme est de parvenir à ériger une famille parfaite avec un homme « idéal » tout en parvenant à garder le contrôle d'elle-même (tant sur le plan physique que psychologique) et en réussissant son ascension sociale. L'idéal d'un homme est lié à sa force virile dont il méconnaît l'ambition et le champ d'action. De même, il souhaite réussir à fonder un foyer en même temps qu'il parviendra à faire jouir sa femme. Enfin, il espère maîtriser ses partenaires professionnels et obtenir ainsi le maximum de reconnaissance sociale. Si les femmes pensent en termes d'accomplissement de soi (de leur féminité, de leur intellect, de leur maternité etc.), les hommes, eux, agissent en termes de rendements et de domination. Voilà les moteurs d'action d'une réussite moderne. Imaginez dans quelle position se trouve le célibataire – homme ou femme – pour qui tout cela est limité ! A-t-il seulement encore l'occasion de se sentir « Homme » ou « Femme » ? En a-t-il seulement les moyens ? Il faut bien comprendre que la force d'un couple vient de son équilibre. La femme a besoin de l'homme pour équilibrer sa féminité (ne serait-ce que pour devenir mère) et il en va de même pour l'homme. Le couple (cela ne change rien pour les homosexuels) est à lui seul une puissance créatrice infinie. Le couple est déjà un monde. De fait, n'est-il pas étonnant de constater que le célibataire, pour qui ce monde n'existe pas, peut avoir l'impression d'être réduit au néant ? La société ne reconnaît pas la valeur du célibataire, tout comme le célibataire ne s'affirme pas socialement. Ce qui implique que, dans de très nombreux cas, les célibataires finissent par tomber dans la vacuité et l'angoisse existentielle. C'est en redéfinissant nos intérêts de vie, en redéfinissant le pôle de nos désirs, qu'on peut éviter de brutales remises en cause et l'impression d'échec.

Toutefois, si l'amour est un besoin naturel chez un individu, le couple n'est pas la seule manière de l'exprimer. Le célibat est aujourd'hui en question dans notre société. Et il est presque honteux de vivre seul. Des cafés pour célibataires dans lesquels on a à peu près cinq minutes pour rencontrer l'amour de sa vie font fureur comme les émissions de télévision qui mêlent sexualité, intérêts et « amour pur ». À croire que celui qui vit seul n'a pas de chance, qu'il a raté sa vie… Bien qu'il soit en pleine expansion, le célibataire est néanmoins une espèce que l'on voudrait voir en extinction. La question est de savoir comment vivre heureux quand on vit seul. Comment faire que la solitude devienne un choix et non une fatalité.

La souffrance du célibat est une réalité qui se propage comme une véritable épidémie. Pourtant, la description que je viens de faire d'une représentation de l'idéal féminin et masculin, du vide qu'un homme ou une femme peut ressentir face à la solitude, n'est pas la bonne façon d'appréhender les choses. Il faut absolument parvenir à reconstruire le véritable contexte du rapport entre un homme et une femme. Il faut donc retrouver ce qu'un homme ou une femme attend de la vie.

Je l'ai déjà dit et je le répète avec insistance, la réussite d'une vie, l'accès au bonheur ne dépendent pas des autres ou de l'Autre. C'est quelque chose qui ne se trouve qu'à l'intérieur de soi-même et que nul ne peut faire à notre place. Aussi, un individu qui en apparence semble satisfait par sa vie, à qui tout paraît sourire ne sera pas pour autant heureux ou comblé. L'exigence du bonheur est une quête strictement personnelle. Mais, j'insiste, encore faut-il parvenir à s'interroger soi-même sur ce qui a une valeur importante dans la vie. Sans objectif, aucune fin ne peut être atteinte, et la vacuité semble alors inévitable.

Or, ce qu'offre le célibat est précieux. D'une part, il donne le temps de s'occuper de soi et d'autre part l'occasion de s'interroger véritablement sur ce qui serait susceptible de représenter nos intérêts de vie. Le célibataire ne doit donc pas focaliser toute son attention sur la recherche de l'âme sœur, mais plutôt utiliser son temps et son énergie à questionner la vie. Le célibataire ne doit pas envier les couples qui reflètent le bonheur apparent d'être deux ; mais il doit plutôt penser qu'il a la chance d'avoir accès à un bonheur qu'il est le seul à pouvoir se procurer et pour un temps infini. Bref, le célibataire a les moyens et le temps de découvrir la seule façon d'être vraiment heureux. Apprendre à s'aimer soi-même, plutôt que rechercher désespérément à aimer l'Autre, détourner son attention de l'Autre et apprendre à la recentrer sur soi, voilà ce que conseille la volothérapie. En clair, il s'agit de transformer l'idée du célibat comme fatalité en célibat comme libération – libération de l'Autre que l'on ne porte pas encore. Le célibataire ne doit plus voir le couple, la famille comme une fin en soi, comme l'accomplissement de sa vie, mais il doit trouver en lui-même la force de s'interroger sur le contenu véritable de son bonheur. Cette force, c'est encore la volonté.

Exemple n° 18 :
revivre après un chagrin d'amour

J'ai soigné une jeune fille de vingt-deux ans, qui souffrait de solitude au point de penser que sa vie devait finir. Elle pensait ne plus avoir d'avenir. Elle était atteinte d'angoisse existentielle qui la mettait dans un état de lassitude et de torpeur. Elle m'avait expliqué qu'après de très nombreuses tentatives pour sortir de son célibat, et face aux échecs consécutifs, elle avait fini par y renoncer. Complètement désespérée, elle s'était réfugiée chez elle. Elle n'avait plus envie de sortir, l'idée même de séduire à nouveau lui paraissait insurmontable. Elle ne mangeait plus et cela faisait plus de trois semaines qu'elle ne suivait plus ses cours à l'université. Ses parents habitaient en province et elle ne les voyait qu'épisodiquement. Je commençai par m'inquiéter devant l'ampleur que prenait son angoisse. Peu à peu la vie – et l'*envie* – reculait face à la vacuité qui la gagnait de plus en plus. C'était presque un miracle qu'elle soit venue dans mon cabinet. D'où avait bien pu lui venir cette énergie ? La première question qui me vint à l'esprit était : comment peut-on souffrir à ce point du « célibat » à vingt-deux ans ? Cela me semblait inconcevable. Et pourtant, l'étude de ce cas m'apprit beaucoup sur les préjugés et les opinions toutes faites : encore une fois, à vingt ans on souffre autant de la solitude qu'à quarante ans ou à soixante-dix ans. Seuls les intérêts de vie diffèrent. Le travail curatif débuta. Il fallait absolument redéfinir l'ensemble des objectifs de vie de cette jeune fille.

Cette jeune fille s'appelait Élisabeth. Elle retint tout particulièrement mon attention car elle faisait preuve d'une grande intelligence. Toutefois, elle semblait avoir une parfaite ignorance d'elle-même. Sans doute son dégoût d'elle-même l'avait-il conduite à se désintéresser de sa personne. Je n'avais pas l'intention d'apprendre à cette jeune fille ce qu'elle n'avait pas encore découvert sur elle-même ; et je savais que la guérison dans son cas était très probable, car elle souffrait d'un mal que je qualifierai de « classique ». À son âge, l'impatience de l'amour donne l'impression que les mois sont des années et les années des siècles. Il fallait simplement l'aider à patienter et à redéfinir ses intérêts de vie. Mais ce qui m'inquiétait, c'était de n'être pas certaine qu'elle tînt vraiment à guérir. Elle ne manifestait pas une absence radicale de volonté ou encore une mauvaise volonté au traitement que je lui présentais, mais plutôt une **volonté négative**. La volonté négative consiste à ne pas vouloir guérir et ce, de manière consciente et volontaire. Or, sa volonté négative était claire et même réfléchie, même si elle ne me l'avouait pas. Je ne pouvais rien faire contre cela. Je savais également que je ne pouvais pas l'aider à redéfinir ses intérêts de vie sans revisiter avec elle les grandes lignes de son existence : parents, enfance, adolescence, féminité, scolarisation, amour, etc. – ce qui aurait pu expliquer cette volonté négative.

Je proposai donc à Élisabeth de venir à mon cabinet dès qu'une terrible angoisse l'envahissait. Si cette dernière s'avérait trop paralysante, elle devait m'appeler. Une certaine confiance – nécessaire à toute guérison – s'était installée entre nous.

Quelques jours après le premier entretien, j'eus l'agréable surprise de recevoir à nouveau la visite d'Élisabeth. Elle s'assit en face de moi et, sans me regarder, me confia qu'elle avait un aveu à me faire : elle avait aimé un homme pendant plus de huit années. D'un amour le plus pur, le plus fort qui soit ; d'un amour à faire pâlir Juliette, à donner des regrets à Héloïse, à ressusciter Iseult. Mais cet amour-là n'avait jamais été partagé, car il était resté inavoué. Élisabeth avait vécu ces longues années dans la douleur de son secret et de cet amour platonique qui avait fini par la submerger. En écoutant son récit, je pensais à Mme de Rénal qui dans *Le Rouge et le Noir* finit par mourir d'amour pour Julien Sorel. Cette situation était intenable : on ne peut aimer au point d'en perdre la vie. Scientifiquement, cela n'a aucun sens. Et pourtant au fil de l'histoire qu'Élisabeth me livrait, je comprenais que son angoisse était pathogène, mais que la cause se trouvait ailleurs, dans son cœur. Élisabeth aimait, elle aimait de toute sa chair, de tous ses membres. Elle n'était plus une femme ; elle était toutes les femmes. Élisabeth aimait d'un amour si rare que seuls les livres dans leurs esthétismes divins en offrent l'illustration. C'était comme si elle venait d'un autre monde ; d'un ailleurs sans espace ni temps. Son amour était si fort qu'il ne pouvait se perdre dans les dédales du temps. Elle ne pouvait renoncer à *le* perdre, car elle se serait perdue avec.

La situation devenait de plus en plus complexe et je me sentais de moins en moins indiquée pour venir en aide à cette jeune personne. Ce qui me frappa également à l'écoute d'Élisabeth, c'était sa parfaite maîtrise du langage et de ses émotions. Elle était en paix avec elle-même, sereine. Elle souffrait, c'est tout. Elle souffrait, mais elle n'était pas elle-même la cause de sa souffrance. Je comprenais mieux l'attachement qu'elle mettait dans cette non-volonté à guérir : guérir, pour elle, signifiait oublier. Et renoncer à cet amour, c'était renoncer à sa raison de vivre. La seule chose que je pouvais faire, c'était de l'aider à accepter cette souffrance et à la supporter, afin que la vie puisse reprendre son cours. Il était hors de question qu'un esprit si brillant renonce à ses études, ou à ses joies futures. Elle devait retrouver l'envie de vivre, malgré cette douleur omniprésente. Il fallait que je l'aide à redéfinir ses intérêts de vie, ceux tournés vers l'avenir et non issus du passé. Je lui demandai alors davantage de précisions sur l'homme qu'elle aimait. Elle me répondit qu'il s'agissait de son meilleur ami, qu'elle avait rencontré à quatorze ans, en dernière année de collège. Elle me dit que depuis, bien que les orientations scolaires les eussent éloignés, ils ne s'étaient jamais perdus de vue jusqu'à cette année. Élisabeth avait réussi un concours dans une grande école qui l'avait amenée à Paris, alors que son ami était resté en province. Pour suivre son propre chemin, elle avait dû renoncer à voir la personne si chère à son cœur. Ce sacrifice était invivable pour elle. Elle ne parvenait pas à se résoudre qu'elle pût réussir intellectuellement, socialement, professionnellement, alors que ce qui était essentiel pour elle demeurait un échec total. « Que vaut "une tête bien faite" devant un cœur qui saigne ? » me dit-elle avec l'assurance calme de la vérité. Cette phrase était une perche qu'elle me tendait. Je répondis du tac au tac : « Cela dépend des intérêts de vie de chacun ! Des intérêts qui ne valent que pour vous. » Je savais que je venais de la heurter, mais je devais aussi l'étonner pour qu'elle puisse me suivre dans la thérapie. « Qu'est-ce donc que des "intérêts de vie" ? Encore un de vos concepts de thérapeute ! » Elle avait réagi positivement à l'affront que je lui avais lancé. En m'interrogeant sur les intérêts de vie, elle venait d'ouvrir une porte thérapeutique dans laquelle je pouvais m'engouffrer pour l'aider.

Je commençai alors à lui exposer qu'elle était la seule à pouvoir décider de sa vie. Il n'appartenait qu'à elle de choisir d'être heureuse ou de ne pas l'être. Les intérêts de vie représentent le but ultime pour lequel on fait le choix chaque jour de vivre. On peut dire que c'est une sorte d'horizon quotidien que l'on se fixe. C'est un tort énorme de penser que notre bonheur dépend toujours des autres car, si on réfléchit, au bout du compte, nous sommes toujours seuls à vivre avec nous-mêmes.

En outre, c'est une illusion de croire que les autres peuvent parvenir à combler le vide que l'on ressent à l'intérieur. La décision de ne plus se sentir seul, celle de se libérer d'une situation ou encore la force intérieure qui peut accomplir des miracles, tout cela est en nous et il n'appartient qu'à nous seuls de le vouloir, en s'appuyant sur la motivation des intérêts de vie. J'appris ainsi à Élisabeth à puiser en elle-même les ressources de la vie. Il ne suffit pas de naître pour exister, encore faut-il faire le choix de vivre. Chaque jour qui se lève est comme une nouvelle question qui nous est posée et qui nous demande de faire le choix de la vie. Pourtant, la grande majorité des gens vit dans l'ignorance de ce choix. Trop de personnes ne savent pas pourquoi elles vivent et restent incapables de donner du sens à leurs actes. Ce qui implique, comme je l'ai dit, une paralysie d'action, une vacuité d'être qui conduit peu à peu à souffrir d'angoisse existentielle.

Tout au long de la période pendant laquelle je suivis Élisabeth, je parvins à lui donner la possibilité de maîtriser sa vie. Elle trouva la force de survivre. Rapidement, elle dégagea les deux possibilités qui se présentaient à elle : renoncer à un avenir brillant à Paris pour retrouver l'homme qu'elle aimait platoniquement et idéalement ou parvenir à l'oublier. Elle fit le choix de faire le deuil de cet amour fantôme qui l'empêchait de voir autour d'elle la vie qui s'offrait avec ses joies et ses surprises. Ses intérêts de vie, ceux de son avenir personnel, avaient été les plus forts, parce qu'ils étaient sincères et véritables.

Rapidement, elle apprit à vivre dans l'absence de cet amour. Peu à peu, elle commença à découvrir la vie qui s'offrait à elle, libérée d'un amour illusoire qui l'empêchait d'exister pour elle-même. Les métamorphoses psychiques aux répercussions physiques avaient des conséquences très positives sur son moral. Bientôt, il fut temps d'arrêter la thérapie. Je n'étais pas parvenue à donner un grand amour à Élisabeth, mais j'avais fait en sorte qu'elle soit à nouveau libre pour le trouver. Élisabeth avait finalement rencontré quelqu'un qu'elle se devait d'aimer toute sa vie : elle-même. À présent elle était une jeune femme capable de supporter la solitude et d'exister sans rechercher pour autant une assurance dans le regard de l'autre. Elle reprit ses études et, quelques années plus tard, j'eus la joie de recevoir un carton de fiançailles.

Cet exemple permet de mettre l'accent sur une attitude nécessaire à avoir dans nos rapports aux autres : être capable de donner pour recevoir. Élisabeth n'aurait jamais pu recevoir un nouvel amour, car n'étant pas libre dans sa tête, elle était incapable de donner, de se *donner. Une grande partie des difficultés relationnelles en général et amoureuses en particulier viennent du fait que l'on attend mutuellement quelque chose de l'autre. Ce qui implique que rien ne se passe ou alors que l'on est forcément déçu. Dès lors, un des secrets de la volothérapie réside dans cette capacité à sortir de soi pour tendre vers l'autre. C'est ce qui s'appelle l'***empathie***. L'empathie est une technique volothérapeutique fondamentale. En conclusion, nous pouvons dire que vouloir sa solitude au lieu de la subir permet d'aller à la rencontre de l'autre. Cet effort volontaire est la condition même de la guérison.*

Exemple de l'utilisation d'un carnet de bord d'une volothérapie

Le temps d'une volothérapie peut être variable mais, d'une manière générale, on peut dire qu'elle n'excède pas douze mois, et que – selon le désir de guérison du patient – elle s'échelonne entre six et huit mois. Toutefois, pour parvenir à un résultat optimal, je conseille à mes patients de tenir un carnet de bord le temps de la thérapie. Ce fascicule, comme je l'ai évoqué, est un outil indispensable pour atteindre un équilibre durable.

Le fait de « poser » sa vie sur papier permet de prendre conscience de ses problèmes en les matérialisant. Mais tenir un « carnet de bord d'une volothérapie » ne consiste pas en une simple évocation sur papier des difficultés existentielles. En effet, son intérêt réside davantage dans la continuité et la persévérance à le tenir. Ce carnet de bord devient rapidement un soutien indispensable à la volothérapie car l'endurance avec laquelle vous le tiendrez deviendra le reflet de votre volonté dans l'effort pour aller mieux. Plus ce carnet sera rempli avec précision, plus grandes seront les chances d'atteindre une plénitude intérieure. Ajoutons que, pour compléter ce petit cahier, il n'est pas nécessaire d'écrire des pages et des pages, mais plutôt d'être rigoureux et authentique. Voyons à présent comment fonctionne concrètement le carnet de bord d'une volothérapie, à travers l'exemple d'une de mes patientes qui souffrait de déprime chronique :

CARNET DE BORD D'UNE VOLOTHÉRAPIE

Nom : Annick
Prénom : Meyer
Adresse : 12, avenue des Lilas
Âge : 37 ans
Profession : Mère au foyer
Début de la volothérapie : le 16 septembre
Nom et adresse du volothérapeute : E. G.

Les motivations qui me poussent à aller consulter un volothérapeute :

Je n'ai plus goût à la vie, je n'arrive plus à vivre... Je ne supporte plus mes enfants, je ne supporte plus de voir ma famille, je perds mes amis... Je n'ai plus envie de rien... Je me sens à bout, épuisée par la vie...

Mes intérêts de vie :

Rien... Je ne semble pas en avoir... Je ne vois rien... pas d'horizon... pas d'amélioration.

Séance n° 1

1. Mes impressions générales (atmosphère, les « a priori ». Peur, angoisse, joie, espérance…) :

J'attends beaucoup de la volothérapie, car je ne peux plus vivre de cette manière. J'ai peur de parler, en même temps que j'en ai très envie.

2. Mes premiers mots :

Je suis Annick Meyer et je ne suis plus heureuse depuis des mois.

3. Le nœud du mal-être :

Je n'ai plus envie de vivre. Je n'arrive plus à vivre.

4. Question retenue du volothérapeute :

Pourquoi selon vous avoir perdu le goût de la vie ?

5. Réponse retenue :

L'envie… J'ai oublié pourquoi je vis.

6. Mes impressions sur les réponses que je donne :

J'ai l'impression d'avoir été sincère.

7. Mes impressions sur le volothérapeute :

J'ai l'impression d'avoir été comprise.

8. Derniers moments de la première séance :

J'ai pleuré, mais je ne suis plus seule dans ma souffrance.

9. Mes impressions à la sortie du cabinet :

J'ai l'impression que quelqu'un est présent pour m'écouter et m'aider. Comme si le volothérapeute m'accompagnait.

10. Durée de la première séance : cinquante minutes.

11. Date du prochain rendez-vous : le 23 septembre, 16 heures.

Séance n° 2

1. Respect de l'horaire prévu : Oui.

2. Mes impressions depuis la dernière séance :
J'ai un peu peur… je ne sais pas ce que je vais dire. Cette semaine ne s'est pas très bien passée. Je me suis beaucoup disputée avec mon mari.

3. Exposé du sujet de discussion de la séance :
J'ai envie de parler de ce conflit avec mon mari. J'ai l'impression qu'il me détruit avec tous ses reproches.

4. Suis-je satisfait(e) de la manière dont j'ai exposé mon problème ?
J'ai l'impression de n'avoir pas tout dit…

5. Question retenue du volothérapeute :
Le volothérapeute me demande si, selon moi, il peut y avoir un lien entre mes difficultés à trouver l'envie de vivre et les conflits avec mon mari.

6. Réponse retenue :
J'ignore s'il y a un lien, mais en tout cas, il est certain que la manière dont mon mari se conduit avec moi ne me donne pas envie de continuer à faire des efforts pour la famille.

7. Recherche des intérêts de vie :
Le volothérapeute me demande alors, ce que signifie pour moi : faire des efforts pour la famille. Je lui réponds que c'est là toute ma vie...

8. Durée de la séance : cinquante minutes.

9. Date du prochain rendez-vous : 30 septembre, 16 heures.

Séance n° 3

1. Respect de l'horaire prévu : Oui.

2. Impressions depuis la dernière séance :
Cette semaine a été encore pire. J'ai l'impression que je m'enfonce. Mon mari ne me regarde pas, il passe à côté de moi comme si j'étais un fantôme.

3. Impressions en prenant contact avec le volothérapeute :
Je sens que j'ai besoin de parler, je me sens mal.

4. Exposé du sujet de discussion de la séance :
J'évoque avec mon volothérapeute ce qui s'est passé pendant la semaine : pas de dispute avec mon mari, mais de l'indifférence, c'est encore pire.

5. Question retenue du volothérapeute :
Qu'est-ce qui vous fait le plus souffrir, l'attitude de votre mari ou le vide existentiel qui vous atteint ?

6. Réponse retenue :

À cette question qui m'a interpellée, j'ai répondu que l'attitude de mon mari ne me permettait pas de me rendre heureuse et que je me sentais tant humiliée que je n'éprouvais plus la force de réagir. Cette question a été décisive.

7. Suis-je capable de mieux définir mes intérêts de vie ?

Je ne vois pas encore assez clair dans mon existence, mais je sens que je m'en rapproche, mes intérêts à vivre doivent répondre à ce que je veux vraiment, pour moi.

8. Durée de la séance : cinquante minutes.

9. Date du prochain rendez-vous :…

Quelques séances et quelques pages furent encore nécessaires pour que cette femme puisse comprendre que ce qui la minait était l'indifférence de son mari, et que les reproches qu'il lui adressait l'empêchaient de s'exprimer dans son individualité. Il voulait qu'elle demeure à sa disposition, comme une femme au foyer sans autre but dans l'existence. Après quelques entretiens, Annick comprit qu'elle ne voulait plus de ça, qu'elle n'était pas à la disposition de son mari. Elle voulait travailler, elle aussi. Sa vacuité s'est transformée en élan de vie. Parce qu'elle est parvenue à retrouver un intérêt de vie qui lui corresponde profondément, elle a retrouvé la force de réagir et de sortir de sa vacuité. Elle a aussi trouvé en elle le courage d'affronter son mari.

Voici comment se présente la dernière page du carnet de bord d'une volothérapie :

Date de la séance : 28 avril

Dernière séance

1. Mes impressions générales sur la fin de la volothérapie :

Je me sens beaucoup mieux, plus forte... Je suis arrivée à comprendre ce qui m'empêchait d'être heureuse. Grâce à mes intérêts de vie retrouvés, j'ai trouvé la force de changer ma vie et de tout faire pour réaliser mes objectifs.

2. Ai-je atteint mes intérêts de vie ?

Oui... désormais, je vis pour moi. J'ai compris combien je pouvais réaliser mes objectifs, que cela dépend de moi. À présent, je travaille dans un magasin de vêtements féminins, je vois du monde toute la journée et, le soir, je suis d'autant plus présente avec ma famille que je me sens en paix avec moi-même. Mon mari a cessé de me tourmenter. De toute façon, il voit bien qu'il ne peut rien contre mes désirs.

3. Suis-je capable d'appliquer seul(e) les principes de la volothérapie au quotidien ?

Oui. La volothérapie m'a appris à retrouver en moi ce qui constitue des intérêts de vie, sans lesquels notre existence est fade et sans but. Je cesse de vivre par procuration pour quelqu'un ou quelque chose qui ne me convient pas. Je vis pour me réaliser et je sais que je le peux car ma volonté est infinie ; j'en ai fait la preuve.

4. Bilan de vie après une volothérapie :

Mon bilan de vie m'est apparu clairement : je continue à travailler et je m'occupe de ma famille. J'aime ma vie ainsi ; je me suis souvenue de qui j'étais intérieurement.

5. Mes impressions sur la volothérapie :

Thérapie d'une grande efficacité, car elle nous permet de retrouver au cœur de nous-mêmes les véritables raisons de nos souffrances, mais aussi de ce qui peut nous rendre heureux. Grâce à la volothérapie, j'ai appris à faire un bon usage de ma volonté et à comprendre combien il ne dépend que de moi et de ma volonté de changer une vie qui ne me rend pas heureuse.

6. Mes règles de vie pouvant réaliser mes intérêts de vie :

À présent, j'applique une règle de vie me concernant : oser s'affirmer, oser être soi, oser imposer ses volontés. Chaque jour qui passe est désormais un jour que je décide de vivre pleinement. Personne ne décide plus pour moi et j'apprends à m'écouter pour trouver en moi ce qui est vraiment important...

On peut dire qu'une volothérapie est satisfaisante quand un patient a compris ce qui est essentiel dans sa vie et qu'il est donc digne de se battre pour cela, laissant de côté tout ce qui est secondaire. Cette femme a acquis une force qu'elle ne perdra plus. Elle a trouvé en elle la **volonté d'exister** et de se battre pour son existence.

Autant de pages s'avéreront nécessaires que le nombre de séances. Le nombre de séances peut varier selon la volonté de mieux-aller du patient et de la progression du travail accompli.

Entre une à trois séances par semaine d'une durée de cinquante minutes – fréquence variable selon le désir de guérison du patient – est une bonne vitesse de thérapie. Mais une fois encore, cela dépend de votre détermination à travailler dans le sens d'un bien-être. Le volothérapeute n'est qu'un intermédiaire entre vous et vous-même. La durée de la thérapie dépendra donc de vous et de la façon dont vous tiendrez votre carnet de bord.

Où consulter un volothérapeute ?

Pratique novatrice et originale, répondant aux nouveaux symptômes que connaît notre époque, la volothérapie est en train de se développer. Et actuellement, il existe un centre de consultation à Paris. Pour tout renseignement vous pouvez adresser vos demandes à l'adresse mail suivante :

volotherapie@aol.com
elsagodart@aol.com

Des volothérapeutes vous répondront et vous pourrez également prendre rendez-vous pour une consultation. Bien souvent, il suffit d'un déclic pour aller mieux, pour abréger une souffrance. Alors, pourquoi attendre davantage ?

Table des matières

Collection
Évolution

Être bien...

Découvrez dans les pages qui suivent des livres qui aident la vie au quotidien : des solutions pour surmonter les difficultés du moment et pour se connaître mieux !

Composé par Nord Compo Multimédia
7, rue de Fives, 59650 Villeneuve-d'Ascq

Impression réalisée par

CPI
Brodard & Taupin

52966 – La Flèche (Sarthe), le 03-06-2009
Dépôt légal : juin 2009

POCKET – 12, avenue d'Italie - 75627 Paris cedex 13

Imprimé en France